école - སློབ་གྲྭ། 2
voyage - ཡུལ་བསྐོར་སློ་འཆམ། 5
transport - སྐྱེལ་འདྲེན་བྱེད་པ། 8
ville - གྲོང་ཁྱེར། 10
paysage - ཡུལ་ལྗོངས། 14
restaurant - ཟ་ཁང་། 17
supermarché - སུ་ཚོགས་ཚོང་ར། 20
boissons - འཐུང་བ། 22
alimentation - ཁ་ལག 23
ferme - ཞིང་ར། 27
maison - ཁང་པ། 31
salon - སྡོད་ཁང་། 33
cuisine - ཐབ་ཚང་། 35
salle de bain - འཁྲུས་ཁང་། 38
chambre d'enfant - བྱིས་པའི་ཁང་པ། 42
vêtements - གྱོན་ཆས། 44
bureau - ལས་ཁུངས། 49
économie - དཔལ་འབྱོར་ 51
professions - ལས་རིགས། 53
outils - སྒྲོད་ཆས། 56
instruments de musique - རོལ་ཆས། 57
zoo - གཅན་གཟིག་ཁང་། 59
sports - ལུས་རྩལ། 62
activités - བྱེད་ལས། 63
famille - ཁྱིམ་ཚང་། 67
corps - ལུས་པོངས། 68
hôpital - སྨན་ཁང་། 72
urgence - སྐྱོར་སློབ། 76
terre - ས་གོ་ལ། 77
...heure(s) - དུས་ཚོད་འཁོར་ལོ། 79
semaine - བདུན་ཕྲག 80
année - ལོ། 81
formes - རྣམ་པ། 83
couleurs - ཚོན་མདོག 84
oppositions - སྤྱོག་སྤྱགས་ཀྱི་མི་ཚིག 85
nombres - ཨང་གྲངས། 88
langues - སྐད་རིགས། 90
qui / quoi / comment - སུ་ག་རེ་ག་འདྲ། 91
où - ག་བ། 92

salle de classe
སློབ་ཁང་།

diviser
བགོ་བ།

186/2

tableau noir
ཡིག་པང་།

cour (de récréation)
སློབ་གྲྭའི་ལུས་རྩལ་ཐང་།

professeur
དགེ་རྒན།

papier
ཤོག་བུ།

écrire
འབྲི་བ།

stylo
སྨྱུག

bureau
ཅོག་ཙེ།

règle
ཐིག་ཤིང་།

livre
དཔེ་དེབ།

élève
སློབ་ཕྲུག

cartable
དཔེ་ཁུག

trousse
སྨྱུག་སྐམ།

crayon
ཞ་སྨྱུག

stylo

taille-crayon
གཟོང་གྲི།

gomme
འགྱིག་གསལ།

carnet à dessin
འབྲི་པང་།

dessin

 རི་མོ།

pinceau

ཚོན་པིར།

boîte de peinture

ཚོས་ཤོམ།

ciseaux

ཇེམ་ཚི།

colle

འབྱར་རྩི།

cahier d'exercices

སྦྱོང་བརྡར་སྦྱོང་དེབ།

devoirs

ནང་སྦྱོང་།

12

chiffre

ཨང་གྲངས།

2+2

additionner

སྤོན་པ།

5-2

soustraire

འཐེན་པ།

2×2

multiplier

སྒྱུར་བ།

calculer

རྩིས་རྩག་པ།

A

lettre

ཡི་གེ

ABCDEFG
HIJKLMN
OPQRSTU
VWXYZ

alphabet

ཀ་ཁ་

hello

mot

ཚིག

texte

ཡིག་གཞི།

lire

སློག་པ།

craie

ས་སྲ་སུ།

leçon

སློབ་ཚན།

livre de classe

དེབ་གཞུང་།

examen

ཡིག་ཚད།

certificat

ལག་ཁྱེར།

uniforme scolaire

སློབ་གོས།

formation

སློབ་གསོ།

lexique

ཤེས་བྱ་ཀུན་བཏུས་དེབ་ཕྲེང་།

université

སློབ་གྲྭ་ཆེན་མོ།

microscope

ཕྲ་མཐོང་ཆེ་ཤེལ།

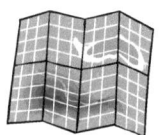

carte

ས་ཁྲ།

corbeille à papier

གད་སྙིགས་གླས་སློང་།

école - སློབ་གྲྭ

hôtel
མགྲོན་ཁང་།

Grand

auberge
འགྲུལ་ཁང་།

ROOMS

bureau de change
བརྗེ་འགྱུར་ལས་ཁུངས།

EXCHANGE

valise
ལག་སྒམ།

voiture
རླངས་འཁོར།

langue
སྐད་རིགས།

oui / non
རེད། མ་རེད།

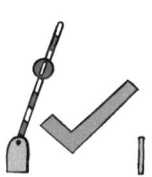

d'accord
ལགས་སོ།

Salut
ཁམས་བཟང་།

interprète
ཡིག་སྒྱུར་བ།

merci
ཐུགས་རྗེ་ཆེ།

Combien coûte...?

ག་ཚོད་རེད།

Je ne comprends pas

ང་གོ་མ་སོང་།

problème

རྙོག་ག།

Bonsoir !

དགོང་མོ་བདེ་ལེགས།

Bonjour !

ཉིན་གོ་བདེ་ལེགས།

Bonne nuit !

མཚན་མོ་བདེ་ལེགས།

Au revoir

ག་ལེར་ཕེབས།

direction

ཁ་ཕྱོགས།

bagages

ཅ་ལག།

sac

ལྐོག་མ།

sac-à-dos

རྒྱབ་ཁུག།

hôte

མགྲོན་པོ།

pièce

ཁང་མིག།

sac de couchage

ཉལ་ཁུག།

tente

གུར།

6

voyage - ཡུལ་བསྐོར་སྐྱོ་འཆམ།

office de tourisme

རྫོལ་སྐོར་ཅ་འཕྲིན།

plage

མཚོ་འགྲམ་གྱི་བྱེ་ཐང་།

carte de crédit

ཡིད་རྟོན་བུང་བུ།

petit-déjeuner

ཞོགས་ཐུན།

déjeuner

དགུང་ཚ།

dîner

དགུབ་ཚ།

billet

པ་སེ།

ascenseur

སྒྲོག་སྐས།

timbre

ཐེལ་ཙེ།

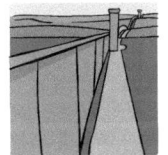

frontière

མཐའ་མཚམས།

douane

སྒོ་ཁྲལ།

ambassade

གཞུང་ཚབ་ཆེན་པོའི་ལས་ཁངས།

visa

མཆན་བཀོད་ལག་ཁྱེར།

passeport

ལག་འཁྱེར།

voyage - ཡུལ་བསྐོར་སྐྱོ་འཆམ།

transport
སྐྱེལ་འདྲེན་བྱེད་པ།

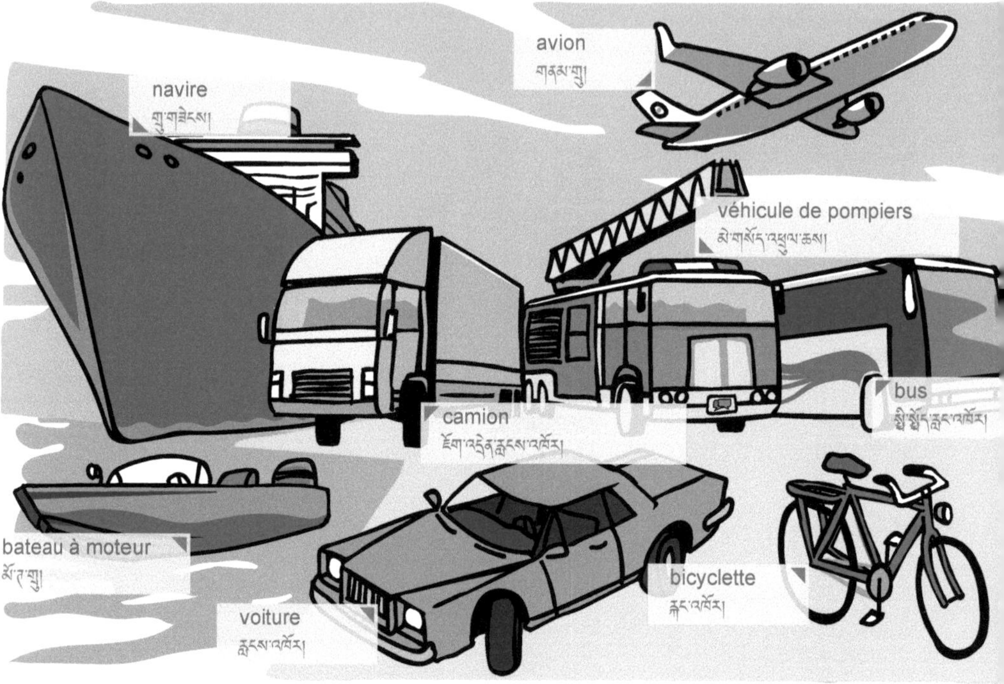
avion
གནམ་གྲུ།
navire
གྲུ་གཟིངས།
véhicule de pompiers
མེ་གསོད་འཁྲུལ་ཆས།
bus
སྤྱི་སྤྱོད་རླངས་འཁོར།
camion
ཇོག་འདྲེན་རླངས་འཁོར།
bateau à moteur
མོ་ཊ་གྲུ།
voiture
རླངས་འཁོར།
bicyclette
རྐང་འཁོར།

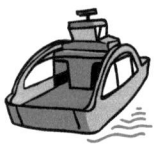

ferry

ཀོ་བ།

barque

གྲུ།

moto

འཁྲུལ་རྟ།

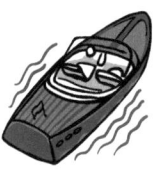

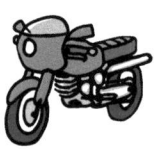

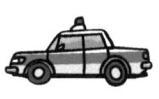

voiture de police

བདེ་སྲུང་སྐུམ་འཁོར།

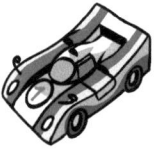

voiture de course

རླངས་འཁོར་འགྲན་བསྡུར།

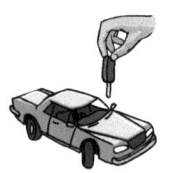

voiture de location

གླ་འབབ་རླངས་འཁོར།

auto-partage

ཨུ་རས་འཁོར་བགོ་འགྱེམས་བྱེད་པ།

voiture de remorquage

འདྲུད་འཁོར་ཆག་སྒྲིག

benne à ordures

འདྲུད་འཁོར།

moteur

མོ་ཊ།

essence

བུད་ཤིང་།

station d'essence

རྫ་སྣུམ་ས་ཚིགས།

panneau indicateur

འགྲིམ་འགྲུལ་གྱི་མཚོན་རྟགས།

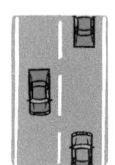

trafic

འགྲིམ་འགྲུལ།

embouteillage

འགྲིམ་འགྲུལ་འཕལ་བ།

parking

ཨུ་རས་འཁོར་འཇོག་པ།

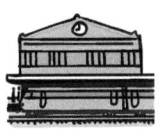

gare

མེ་འཁོར་འབབ་ཚིགས།

rails

ལམ་ཆད།

train

མེ་འཁོར།

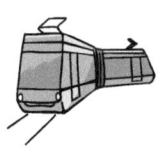

tramway

གློག་སྐུད་ཀྱི་སྤོར་གྱི་འཁོར་ལམ།

wagon

ཤིན་རྟ་འཁོར་ཡོ།

hélicoptère

རབ་འཕུར་གནམ་གྲུ།

aéroport

གནམ་གྲུ་ས་ཚིགས།

tour

སྤྱོག་སྤྱོག་ས་ཁང་།

passager

འགྲུལ་པ།

conteneur

སྦྱོད་ཆས།

carton

ཤོག་སྒམ།

chariot

ཤིང་རྟ།

corbeille

གཟེད་མ།

décoller / atterrir

མཆོང་བ།

---

ville

གྲོང་ཁྱེར།

village

གྲི་བ།

centre-ville

གྲོང་ཁྱེར་གྱི་ལྟེ་བ།

maison

ཁང་པ།

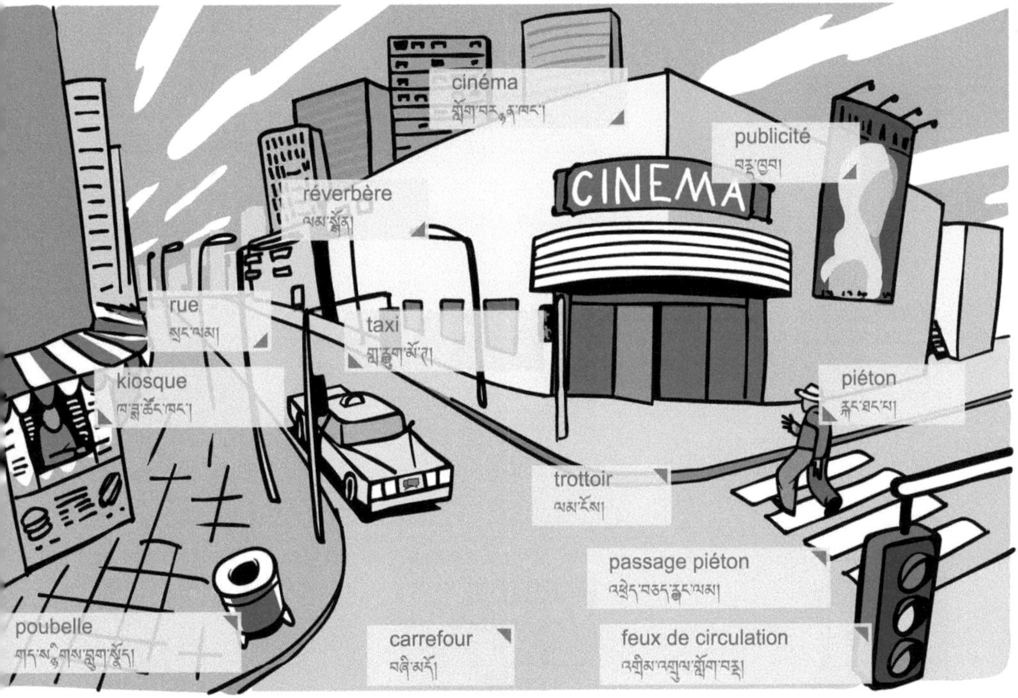

cinéma
སློག་བརྙན་ཁང་།

publicité
བསྒྲགས།

réverbère
ལམ་སྒྲོན།

CINEMA

rue
སྲང་ལམ།

taxi
གླ་འཁོར་མོ་ཊ།

kiosque
ཁ་ཕྱེ་ཚོང་ཁང་།

piéton
རྐང་ཐང་པ།

trottoir
ལམ་ཟོས།

passage piéton
འཕྲེད་བཅད་རྐང་ལམ།

poubelle
གད་སྣོད་གས་ཆལ་སློད།

carrefour
བཞི་མདོ།

feux de circulation
འགྲིམ་འགྲུལ་སློག་བརྡ།

cabane

ཁང་ཆུང་།

appartement

ཁང་པ།

gare

མེ་འཁོར་འབབ་ཚིགས།

mairie

གྲོང་སྡེའི་ཚོགས་ཁང་།

musée

འགྲེམ་སྟོན་ཁང་།

école

སློབ་གྲྭ།

ville - གྲོང་ཁྱེར།

université

སློབ་གྲྭ་ཆེན་མོ།

banque

དངུལ་ཁང་།

hôpital

སྨན་ཁང་།

hôtel

མགྲོན་ཁང་།

pharmacie

སྨན་སློང་ཁང་།

bureau

ལས་ཁངས།

librairie

དཔེ་ཁང་།

magasin

ཚོང་ཁང་།

fleuriste

མེ་ཏོག་ཚོང་མཁན།

supermarché

སྤུ་ཚོགས་ཚོང་ར།

marché

ཁྲོམ་ར།

grand magasin

སྤྱི་ཚོན་ཚོང་ཁང་།

poissonnerie

ཉ་ཚོང་མཁན།

centre commercial

ཚོང་ཁང་ལྟེ་གནས།

port

གྲུ་ཁ།

ville - གྲོང་ཁྱེར།

parc

སྐྱེད་ཚལ།

banque

དངུལ་ཁུག་ཉར་མོ།

pont

ཟམ་པ།

escaliers

ཐེམ་སྐས།

métro

ས་འོག་གི།

tunnel

རི་སྲུག་ལྟག་ལམ།

arrêt de bus

རླངས་འཁོར་འབབ་ཚིགས།

bar

ཆང་ཁང་།

restaurant

ཟ་ཁང་།

boîte à lettres

ཡིག་སྒྲོམ།

panneau indicateur

ལམ་གྱི་མཚོན་རྟགས།

parcmètre

འཆོག་གླ་རིའི་རིན་ཐིག

zoo

གཅན་གཟིག་ཁང་།

piscine

རྐྱལ་རྫིང་།

mosquée

ཁ་ཆེའི་ལྷ་ཁང་།

ferme

ཞིང་པ།

pollution

འབགས་བཙོག

cimetière

དུར་ས།

église

ལྷ་ཁང་།

aire de jeux

རྩེད་ཐང་།

temple

ལྷ་ཁང་།

paysage

ཡུལ་ལྗོངས།

feuille
ལོ་མ།

panneau indicateur
ལམ་རྟགས།

chemin
ལམ།

pré
སྤང་ལྗོངས།

pierre
རྡོ།

randonneur
རྐང་བགྲོད་ཡུལ་སྐོར་བ།

arbre
ཤིང་སྡོང་།

rivière
ཆུ་བོ།

herbe
རྩྭ།

fleur
མེ་ཏོག

vallée

གྲུང་།

montagne

རི་བོ།

lac

མཚོ།

forêt

ནགས་ཚལ།

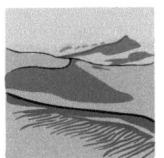

désert

བྱེ་ཐང་

volcan

མེ་རི།

château

ཕོ་བྲང་།

arc-en-ciel

འཇའ་མཚོན།

champignon

ཤ་མོ།

palmier

ཏ་ལའི་ཤིང་།

moustique

དུག་སྦྲང་།

mouche

སྦྲང་བུ།

fourmis

གྲོག་མ།

abeille

བུང་སྦྲང་།

araignée

སྐུད་མ།

paysage - ཡུལ་ལྗོངས།   15

coléoptère

སྦུར་ཉག

grenouille

སྦལ་པ།

écureuil

ཞབ་ཁྲི།

hérisson

རྣ་སྨོ།

lièvre

རི་བོང་།

chouette

འུག་པ།

oiseau

བྱ།

cygne

ངང་དཀར།

sanglier

ཕག་ཡག

cerf

ཤ་བ།

élan

རྟ་མོང་ཤྭ་བ།

barrage

ཆུ་རགས།

éolienne

རླུང་གི་འཕྲུལ་ཆས།

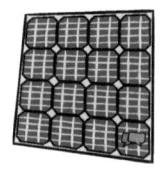

panneau solaire

ཉི་མའི་བཞུགས་སྦྱོར་ཚོགས་ཆུང་།

climat

ནམ་གཤིས།

serveur
ཞབས་ཞུ་བ།

menu
ཟས་ཐོ།

chaise
ཀུབ་ཀྱག

pizza
པི་ཚ།

soupe
ཐུག

couverts
གྱི་རི་གསོ།

nappe
སྟོལ་རས།

hors d'œuvre

ཟ་མ་དང་པོ།

plat principal

གཙོ་ཆོལ།

dessert

མངར་ཟས།

boissons

འཐུང་བ།

alimentation

ཁ་ལག

bouteille

ཤེལ་དམ།

fast-food

མགྱོགས་ཟས།

plats à emporter

ཁྱེར་གྱི་ཟས་ཞིས།

théière

ཇ་འཁུ།

sucrier

བདར་ཕོར།

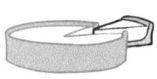

portion

དུམ་བུ།

machine à expresso

རྩིག་ཇ་འཁྲུལ་ཆས།

chaise haute

ཉུང་མའི་རྐུབ་སྟེགས།

facture

ཙོ་ཡིག

plateau

ཤེད་ཁོལ།

couteau

ཟ་གྲི།

fourchette

ཟས་ཆོབ།

cuillère

ཞལ་བུ།

cuillère à thé

ཐུར་མ།

serviette

ལག་རས།

verre

ཤེལ་ཕོར།

restaurant - ཟ་ཁང་།

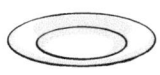

assiette
ཟེ་མ།

assiette à soupe
ཐང་ཕོར།

soucoupe
ཟེར་དཔྱིབས།

sauce
སྟོང་རྫས།

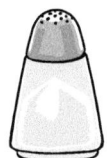

salière
ཚྭ་ཕོག

moulin à poivre
གཡེར་མ་འཐག་འཁོར།

vinaigre
ཚོད།

huile
སྣུམ།

épices
སྣ་སྣ།

ketchup
ཞི་ཚལ་སྣ།

moutarde
མེ་ལྷ།

mayonnaise
སྟོང་སེར་ཚད།

supermarché

སྣ་ཚོགས་ཁྲོམ་ར།

offre promotionnelle
དམིགས་བསལ་གྱི་རིན་གོང་།
client
མགོ་མཁན།
FOR
produits laitiers
ཞོ་རྫས།
fruits
ཤིང་ཏོག
chariot
འདྲུད་འཐེན་འཁོར་ལོ

BUTCHERS

boucherie

བཤས་ཚོང་།

BAKERY

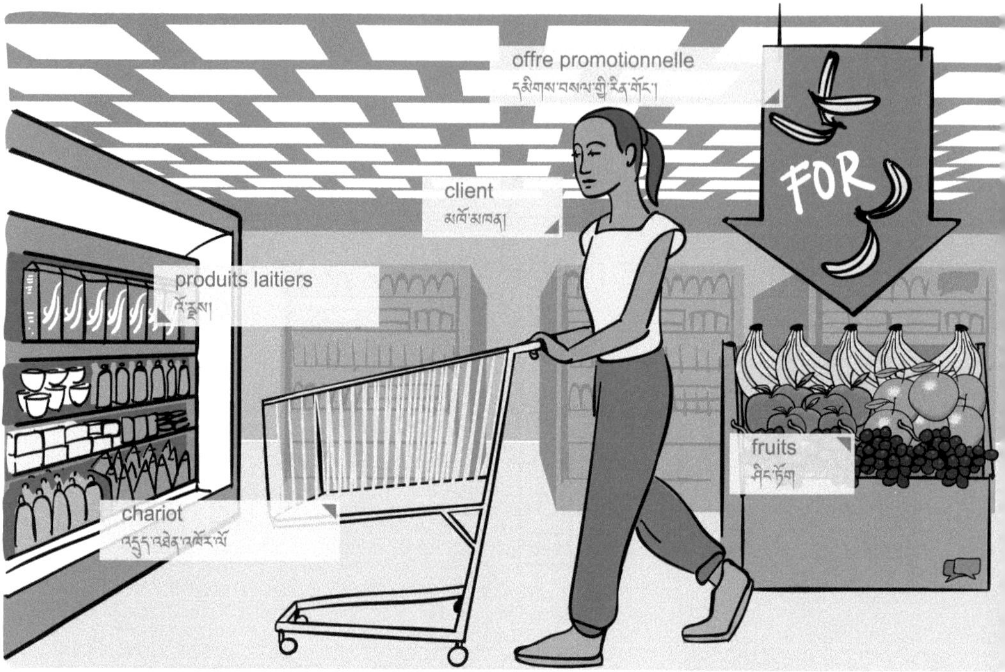

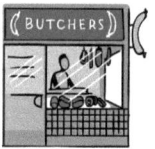

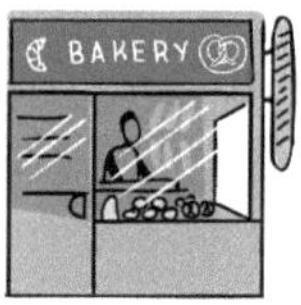

boulangerie

བག་ལེབ་ལས་མཁན།

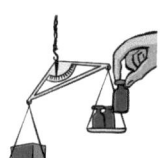

peser

ལྗིད་ཚད་འཇོག་པ།

légumes

ཚོད་མ།

viande

ཤ།

aliments surgelés

འཁྱང་ཟས།

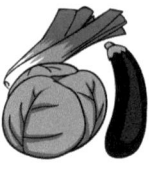

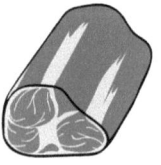

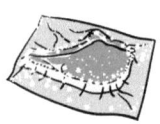

charcuterie

ཤ་གྲོད།

conserves

ཀྱིན་བཙབ་པའི་ཟ་མ།

poudre à lessive

ཁྲུས་བྱ་ལ།

bonbons

མངར་ཟས།

articles ménagers

ཁྱིམ་ཆས།

détergents

ཕོན་རྫས་གཙང་མ།

vendeuse

འཚོང་རོགས་མ་ཁལ།

caisse

དངུལ་སྒྲོམ།

caissier

དངུལ་གཉེར།

liste d'achats

དངོས་ཆེ་ཞིབ་ཡོ།

heures d'ouverture

སྒོ་འབྱེད་དུས་ཚོད།

portefeuille

དངུལ་ཁུག

carte de crédit

ཡིད་རྟོན་བྱང་བུ།

sac

ལྐུག་མ།

sac en plastique

འགྲོག་ཤོག

eau

ཆུ།

jus de fruit

ཤིལ་ཁུ།

lait

འོ་མ།

coca

ཁ་ནས།

vin

རྒུན་ཆང་།

bière

སྦྱ་ཆང་།

alcool

ཆང་རག

chocolat chaud

ཀོ་ཀོ་ན།

thé

ཇ།

café

ཁ་ཕེ་ཇ།

expresso

ཁ་ཕེ་ཇ།

cappuccino

ཀ་པའུ་ཅི་ནོ།

banane

རང་ལག

pomme

ཀུ་ཤུ

orange

ཚ་ལུ་མ

melon

སྨུ་ཚིག་གིན

citron

ལི་མོན

carotte

ལབ་མེར

ail

སྒོག་པ

bambou

སྤུག་མ

oignon

ཙོང་

champignon

ཤ་མོ

noisettes

སྤུན་སྒོགས

pâtes

ཐུག་པ

spaghetti

རྒྱ་ཕྱེ།

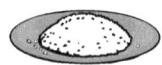

riz

འབྲས།

salade

གུན་ཚལ།

pommes frites

ཀྲི་པ་སྲོ།

pommes de terre rôties

ཡོངས་མ་སྲེག་པ།

pizza

པི་ཙ།

hamburger

ཤེས་རྟུ་སྦྱ།

sandwich

བག་ལེབ་སྣ་ཚོགས་ཆེ།

escalope

ཤ་ཧྲིག་གཤོགས་མ།

jambon

ཕག་ཤ་དྲངས་མ།

salami

ས་ལ་མི།

saucisse

རྒྱུ་མ།

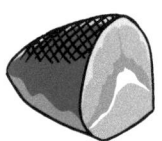

poulet

བྱ་ཤ།

rôti

སྲེག་པ།

poisson

ཉ།

flocons d'avoine

ལྭ་ག།

muesli

སྨུ་ཏི་ལི།

cornflakes

ཨ་ཐིམ་ལེབ་མོ།

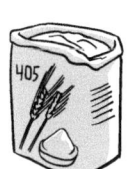

farine

ཕྱེ་མ།

croissant

གྱང་ཟྭ།

petits-pains

བག་ལེབ།

pain

བག་ལེབ།

pain grillé

བག་ལེབ་ཏིག་གཙོགས་སྲེག་མ།

biscuits

སྐམ་ཐོབ

beurre

མར།

le fromage blanc

ཆོ།

gâteau

བག་ལེབ་ཐོབ་ཐོབ།

œuf

སྒོ་ང་།

œuf au plat

སྒོ་ང་བརྟོལ་བ།

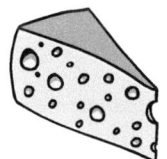

fromage

ཕྲུ་ར་མ།

glace

འཁྱགས་ཁོ།

sucre

ཇེ་མ་ཀ་ར།

miel

སྦྲང་རྩི།

confiture

སྦྲེ་མས།

crème nougat

ཙོག་ལི་ཆང་།

curry

སྣ་མེར།

ferme
གཞལ་ཁང་།

botte de paille
རྩྭ་ཕུལ།

grange
འབྲུ་ཁང་།

champ
ཞིང་ས།

cheval
རྟ།

remorque
འདྲུད་ཤུབ་འི་འཁོར་ལོ།

poulain
རྟེའུ་ཕྲུག

tracteur
འདྲུད་འཁོར།

âne
བོང་བུ།

agneau
ལུ་གུ

mouton
འདྲུད་འཁོར།

chèvre
ར་མ།

vache
བ་མོ།

veau
བེའུ།

porc
ཕག

porcelet
ཕག་ཕྲུག

taureau
གླང་།

oie

རྔང་པ།

canard

བྱ་ངང་།

poussin

བྱིའུ་ཕྲུག

poule

བྱ་མོ།

coq

བྱ་ཕོ།

rat

ཕྱི་བ།

chat

ཞི་མི།

souris

ཙ་ཙི་ཕི་ཝ།

bœuf

བ་གླང་།

chien

ཁྱི།

chenil

ཁྱི་ཁང་།

tuyau de jardin

མེ་ཏོག་ལུགས་རབེ་འབབ་ད་པ།

arrosoir

ཆུ་འཛིན་པའི་ལུགས་ཞིན།

faucheuse

རྩོར་བ།

charrue

རྩོང་གསོལ།

ferme - ཞིང་ར།

faucille

ཟོར་བ།

pioche

འཛོད།

fourche

རྩྭ་སྐམ་གྱི་ཁ་དབུག

hache

སྟ་རེ།

brouette

འཁོར་ལོ་གཅིག་མ།

cuve

དམར་མ།

pot à lait

འོ་ཟོ།

sac

སོ་ཁག

clôture

ར་བ།

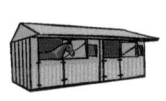

étable

བཅུན་ཕོ།

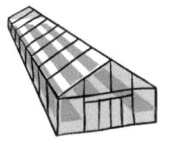

serre

ཛོད་ཁང་།

sol

ས།

semences

འབྲུ།

engrais

ཚལ་ལུད།

moissonneuse-batteuse

མཉམ་བསྒྲུ་འཕུལ་འཁོར།

récolter

ཕྱོན་བསྡུ་བ།

récolte

ཕྱོན་འབབ།

igname

རི་སྨུག

blé

འབྲོ།

soja

ཧྲང་ཡལ།

pomme de terre

ཕོང་མ།

maïs

མ་རྩིས་ལོ་ཏོག

colza

ཡུངས་དཀར་འབྲུ།

arbre fruitier

ཤིང་ཏོང་།

manioc

ཞོག་ཁོག་མངར་མོ།

céréales

འབྲུ་རིགས།

ferme - ཞིང་པ།

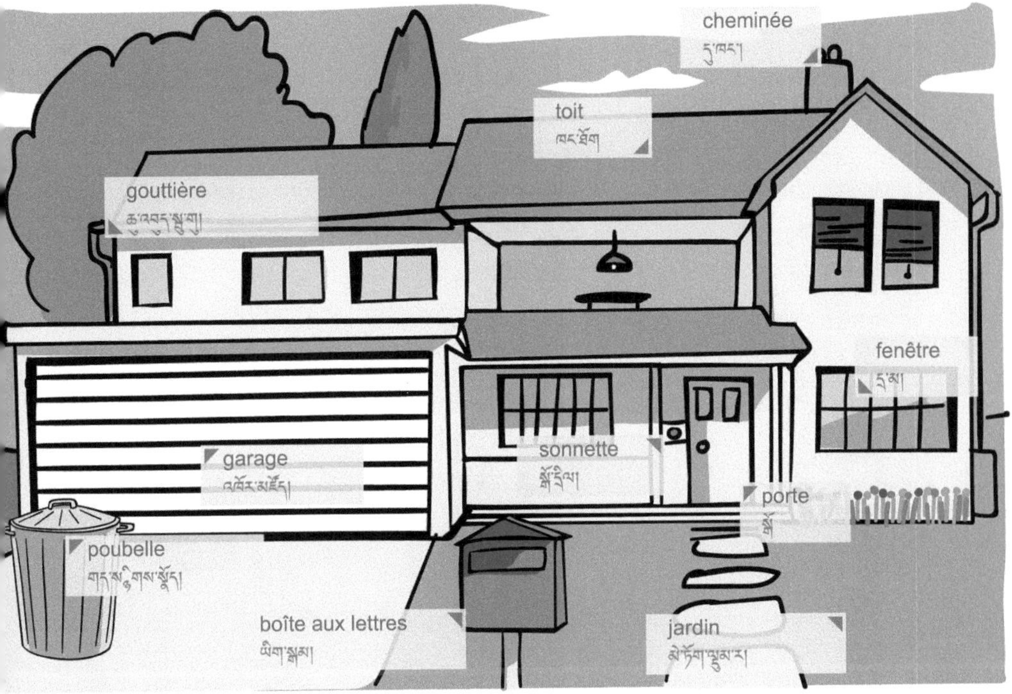

cheminée

དུ་ཁང་།

toit

ཁང་ཐོག

gouttière

ཆུ་འབབ་སྐུད་མ།

fenêtre

དྲ་མ།

garage

འཁོར་མ་ཚོད།

sonnette

སྒྲོ་རྡོ་ལ།

porte

poubelle

གད་སྙིགས་གས་སྡོད།

boîte aux lettres

ཡིག་སྒམ།

jardin

མེ་ཏོག་ལྡུམ་ར།

salon

སྟོད་ཁང་།

salle de bain

འཁྲུས་ཁང་།

cuisine

ཐབ་ཚང་།

chambre à coucher

ཉལ་ཁང་།

chambre d'enfant

ཕྲུག་པའི་ཁང་པ།

salle à manger

ཁ་ལག་ཟ་ས།

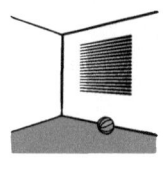

sol

པང་གཅལ།

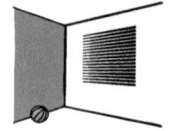

mur

གྱང་།

plafond

གནམ་གཅལ།

cave

ས་འོག

sauna

རྔུབས་ཁུག

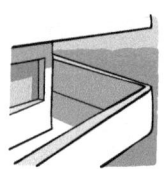

balcon

འདྲིངས་གཡབ།

terrasse

སྐས་ཞིང་།

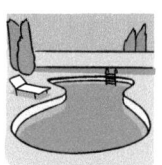

piscine

རྐྱང་ཁ།

tondeuse à gazon

རྩྭ་འབྲེག་འཕྲུལ།

housse

ལེན་ཕོ།

couette

ཉལ་ཁྲིའི་ཁེབས།

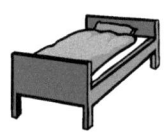

lit

ཉལ་ཁྲི།

balai

ཕྱགས་མ།

sceau

ལ་ཆགས་ཤིང་།

interrupteur

མཐུད་སྒོ།

maison - ཁང་པ།

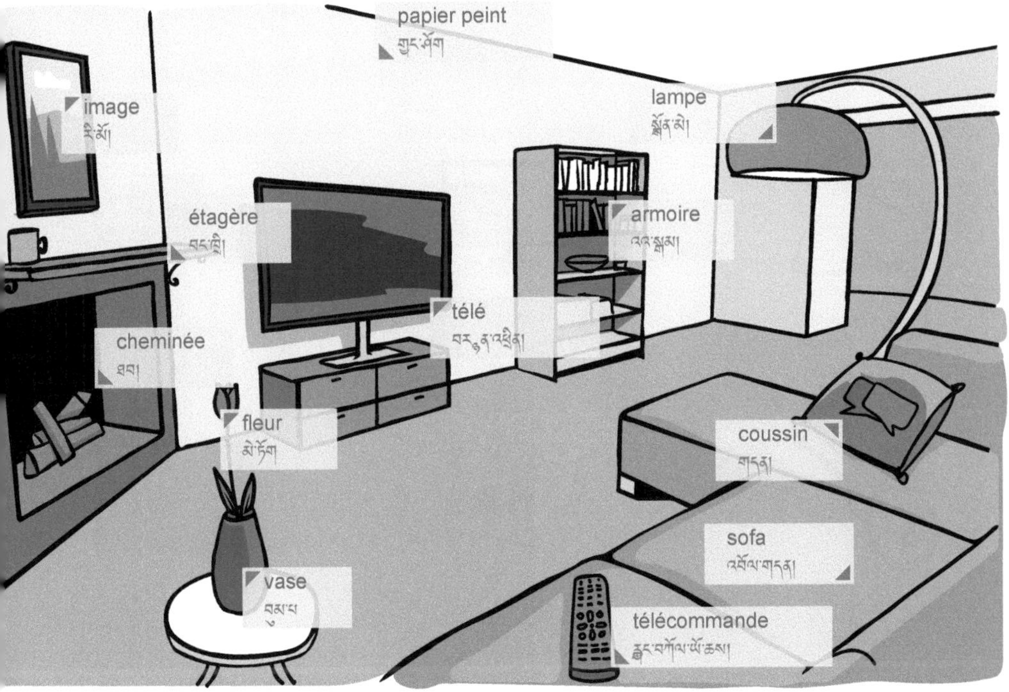

papier peint
གྱང་ཤོག

image
རི་མོ།

lampe
སྒྲོན་མེ།

étagère
བང་ཁྲི།

armoire
འབའ་སྒམ།

cheminée
ཐབ།

télé
བརྙན་འཕྲིན།

fleur
མེ་ཏོག

coussin
གདན།

fleur

vase
བུམ་པ།

sofa
འབོལ་གདན།

télécommande
རྒྱང་བཀོལ་ལོ་ཆས།

tapis
ས་གདན།

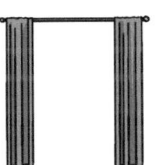

rideau
ཡོལ་བ།

table
ཅོག་ཙེ།

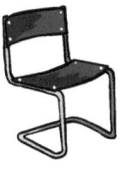

chaise
རྐུབ་རྩ།

chaise à bascule
འབལ་ཕྱོགས་འགུལ་རྐུབ་སྒེགས།

fauteuil
རྐུབ་ཀྱག་ལག་འཇུ་ཅན།

livre

དཔེ་དེབ།

couverture

ཉལ་ཐུལ།

décoration

རྒྱན་བཀོད།

bois de chauffage

མེ་ཤིང་།

film

གློག་བརྙན།

chaîne hi-fi

བསྒྲེབས་བཀྲོལ་གྱོགས་སྐུ་ཆས།

clé

ལྡེ་མིག

journal

གསར་ཤོག

peinture

ཚོན་བྲིས།

poster

གསར་བསྒྲགས་གློག་སྐུ་ཡིག

radio

རླུང་ཕྲིན།

bloc-notes

ཟིན་ཐོ།

aspirateur

རྡུལ་ཕྱགས།

cactus

རྒུ་ཤིང་།

bougie

ཡང་ལ།

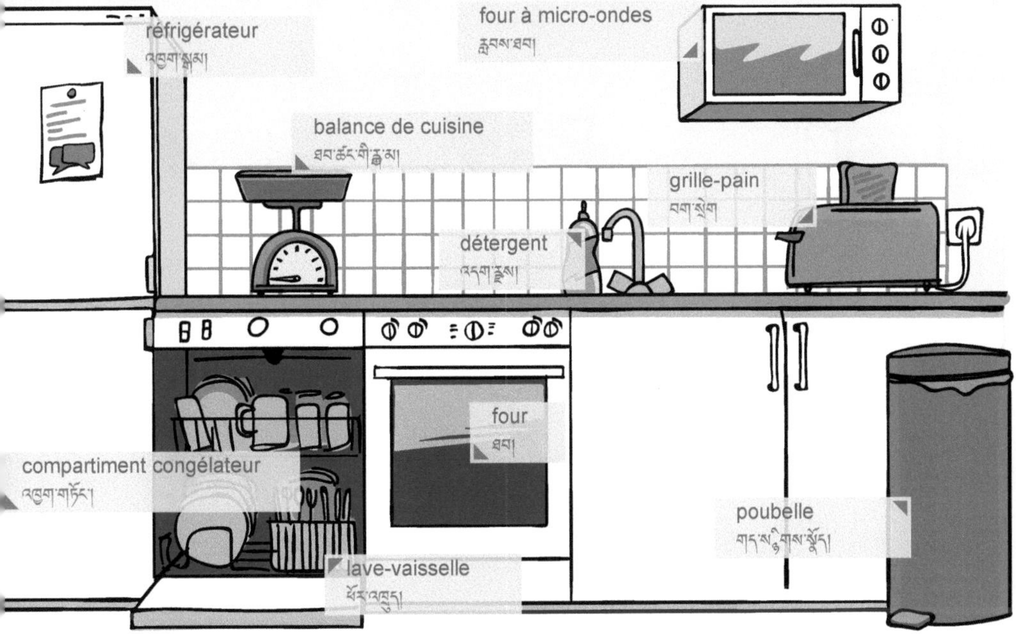

réfrigérateur
འཁྱག་སྒམ།

four à micro-ondes
རྩུབས་ཐབ།

balance de cuisine
ཐབ་ཚང་གི་རྒྱ་མ།

grille-pain
བག་སྲེག

détergent
འདག་རྫས།

four
ཐབ།

compartiment congélateur
འཁྱག་གཏོང་།

poubelle
གད་སྙིགས་སློག་སྣོད།

lave-vaisselle
ཤོར་འཁྲུད།

four

དཔགས་ཐིག

casserole

ཇ་འཁོལ།

marmite

ལྕགས་འཁོར་ཟངས།

wok / kadai

སྐྱོད།

poêle

ཚོད་སྐྱོད།

bouilloire electrique

ཇ་གློག

cuiseur vapeur

 མོག་སྤུ།

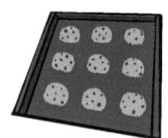

plaque de cuisson

བསྲེགས་སྣེར།

vaisselle

རྫ་ཆས།

gobelet

ཀོ་རེ།

coupe

ཕོར་པ།

baguettes

ཐུར་མ།

louche

གཟར་བུ།

spatule

སྐྱི།

fouet

དཀྲོག་ཐུར།

passoire

ཚགས་སློགས།

tamis

ཚགས་ཁྲུ།

râpe

ཞིབ་ཕྲག་འཕུལ་འཁོར།

mortier

སྟོག་ཅི།

barbecue

ཁ་བསྲེགས།

cheminée

མེ་སྟོགས།

planche à découper

ཚོད་པང་།

rouleau à pâtisserie

སྦྱིལ་ཤིང་།

tire-bouchon

ཞུད་པ་བཏོལ།

boîte

ལྕགས་ཀྱིར་

ouvre-boîte

ལྕགས་ཀྱིར་ཁ་འབྱེད་ཆས།

maniques

ཏོ་སྐྱོབ།

lavabo

ཁྲུ་ཤུར།

brosse

སྐུ་ཕྱོད།

éponge

འགྲིག་སོལ

mixeur

སྦུབ་དཀྲུགས་འཕྲུལ་འཁོར།

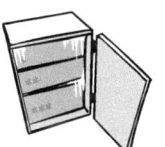

congélateur

འཁྱག་ཐབ་འཕྲུལ་འཁོར།

biberon

ཕྱིས་པའི་ནུ་རྫ།

robinet

ཆུ་བུ།

salle de bain

འཁྲུས་ཁང་།

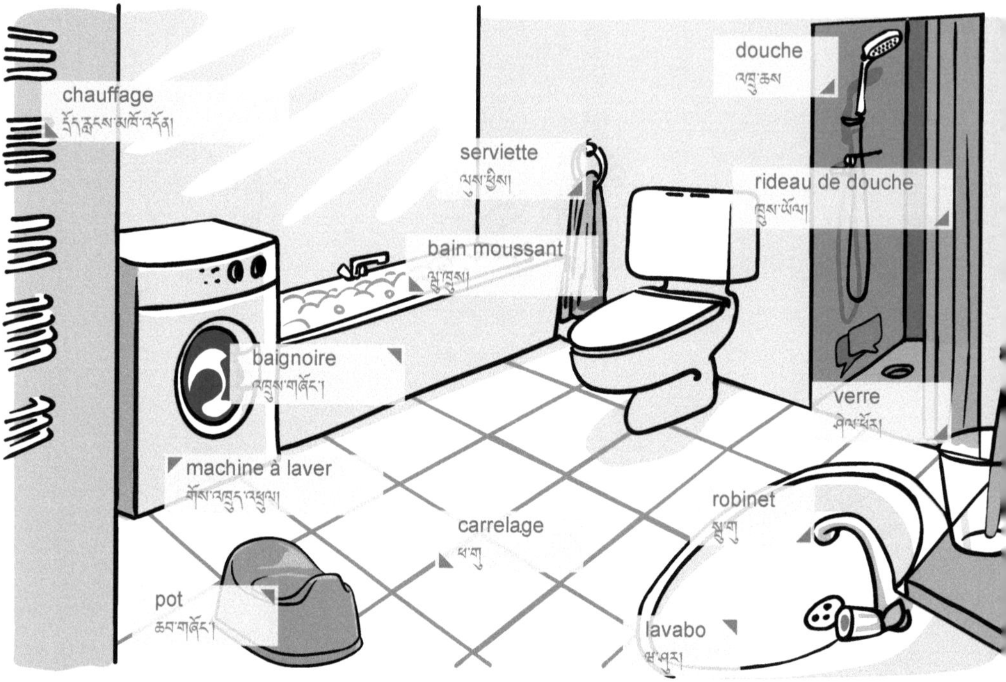

chauffage
རྡོག་རྩལ་རབ་སྐྱོགས་འདོན།

douche
འཁྲུས་ཆུ།

serviette
ལག་ཕྱིས།

rideau de douche
འཁྲུས་ཡོལ།

bain moussant
སྤུ་འཁྲུས།

baignoire
འཁྲུས་གཞོང་།

verre
ཤེལ་ཕོར།

machine à laver
གོས་འཁྲུད་འཕྲུལ།

robinet
ཆུ་ཁ།

carrelage
ཐ་བ།

pot
ཆབ་གཞོང་།

lavabo
ཁ་འཁྲུ།

toilettes
འདུག་སྤྱོད་ཁང་ཆབ་གཞོང་།

toilette à la turque
གསང་སྤྱོད།

bidet
འཁྲུས་གཞུང་།

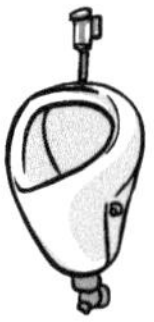

urinoir
གཙང་གཏོང་ཆབ།

papier toilette
གཙང་ཤོག

brosse à toilette
གསང་སྤྱོད་ཤིང་།

38   salle de bain - འཁྲུས་ཁང་།

brosse à dents

སོ་བཀུ།

dentifrice

སོ་སྨན།

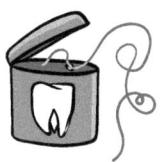

fil dentaire

སོ་སྐུད།

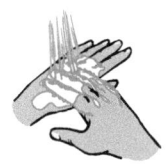

laver

བཀྲུ་བ།

douche manuelle

ལག་ཏུ་བཟུང་བའི་འཁྲུ་ཆས།

douche intime

ཁྲུས།

vasque

གཞོང་མ།

brosse dorsale

རྒྱབ་ཕད།

savon

སྤུས་ཆལ།

gel douche

ཁྲུས་ཀྲིས།

shampooing

སྐྲ་འཁྲུད་ཀྱི་རྫི་བ།

gant de toilette

ལུས་ཕྱི་སྣ།

écoulement

ཆུ་གཏོང་བ།

crème

སྐུ་སྨན།

déodorant

དྲི་ཞིམ།

miroir

སྨེ་ལོང་།

miroir cosmétique

སྨེ་ལོང་།

rasoir

སྤུར་བཞར།

mousse à raser

བཞར་བའི་སྤུམ།

après-rasage

ཁ་སྤུ་བཞར་རྗེས།

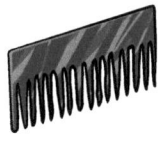

peigne

སྐྲ་མང་།

brosse

འཕད།

sèche-cheveux

སྐྲ་འབུད་འཕྲུལ་འཁོར།

laque pour cheveux

འགིག་སྦྱིན།

fond de teint

སྐྲ་ཕྱེམ།

rouge à lèvres

མཚུ་སྐུད།

vernis à ongles

སེན་སྐུད།

ouate

བལ་ཕྲུག

coupe-ongles

སེན་ཆག

parfum

རྒྱུ་དྲི་ཞིམ།

trousse de toilette

འཁྲུས་ལྐོག

tabouret

བཞུགས་འཆི་དཀར་བ།

pèse-personne

ལུས་རྗེ།

peignoir

འཁྲུས་གོས།

gants de nettoyage

འགྲིག་སྤྱིན་ལག་ཤུབས།

tampon

སྣུད་ཤེ་བོས།

serviettes hygiéniques

ཚེན་ཤོག

toilette chimique

རྫས་འགྱུར་གསང་སྤྱོད།

chambre d'enfant

བྱིས་པའི་ཁང་པ།

réveil
ཉིལ་བརྡ་ཆུ་ཚོད།
doudou
བལ་སྐུད་རྩེད་ཆས།
voiture jouet
རྩེད་ཆས་རླངས་འཁོར།
hochet
ཀླག་ཅོར།
maison de poupée
རས་ཨོ་ལོའི་ཁང་ཆུང་།
cadeau
ལག་སྟེས།

ballon

དབུགས་སྦང་།

lit

ཉལ་ཁྲི།

poussette

བྱིས་པའི་འཁྱོགས་འཁོར།

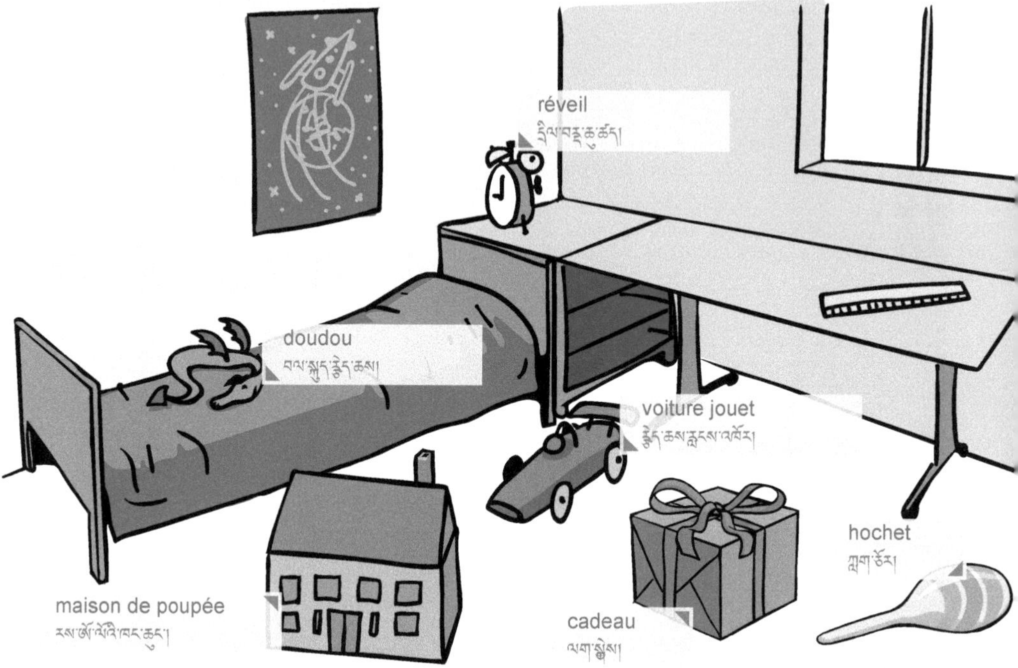

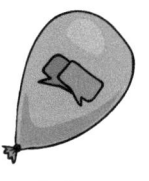

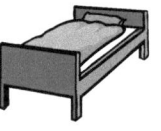

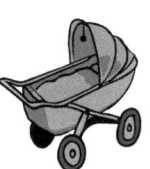

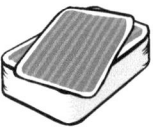

jeu de cartes

ཤོག་སྦག

puzzle

རིས་བསྒྲིག་རྩེད་ཆས།

SUPER
MEGA

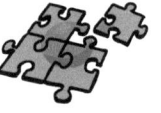

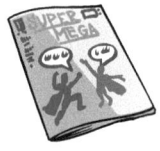

bande dessinée

སྨྱུ་འབྲིལ་རི་མོ།

pièces lego

ལེ་གོ།

blocs de construction

བརྩིགས་ཤིང་།

figurine

དཔེབས་འགུར་འཕུལ་མི།

grenouillère

བྱིའུ་རྣ་སོ།

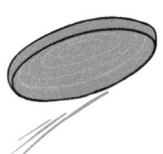

frisbee

འཕར་སྐྱེ།

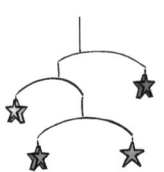

mobile

སྐུལ་བདེ་རྣམ་པ།

jeu de société

མིག་མངས་ཀྱི་རོལ་རྩེད།

dé

ཤོ་རྩེད།

train miniature

དཔེ་རྟེབས་མེ་འཁོར།

sucette

རྩུས་མ།

fête

འདུ་ཚོགས།

livre d'images

རི་མོའི་དཔེ་དེབ།

balle

པོ་ལོང་།

poupée

རས་ཨོ་ལོ།

jouer

རྩེད་མོ་རྩེ་བ།

bac à sable

བྱེ་རྡོང།

balançoire

འཕྱང་རྟང་།

jouets

རྩེད་ཆས།

console de jeu

རྩེད་འཕྲུལ།

tricycle

འཁོར་གསུམ་འཁོར་ལོ

ours en peluche

ཐའི་ཧྲིའུ་ཞུང་།

armoire

གོས་སྒམ།

vêtements

གྱོན་ཆས།

chaussettes

རྐང་ཤུབས།

bas

ཨུམ་སུ་ལུ།

collant

རྐང་ཤུབས།

écharpe
སྐེ་་གྱོགས།

parapluie
གདུགས།

ceinture
རྡོར་ཆས།

t-shirt
སྟོད་ཐུང་།

baskets
རྐང་སྒྲོག་གྱོན་ཆས།

bottes
ལྷམ།

pantoufles
འཕྱི་ལམ་ལྷམ།

sandales
འདུད་ལྷམ།

chaussures
ལྷམ།

bottes de caoutchouc
འགྱིག་ལྷམ།

sous-vêtements
ཨང་རག

soutien-gorge
ཕྱུད་ལེབས།

maillot de corps
རྒྱབ་ལེན།

body

པ་རྟིའི་གྱོན་ཆས།

pantalon

རྐང་ཚོ།

jean

འཇིན།

jupe

སྨད་གཡོགས།

chemisier

ཝེག་འཛུག

chemise

སྟོད་ཐུང་།

pull

བལ་གོས།

sweat à capuche

ཤུ་ལུ།

veste

རྐྱེན་གོས་སྟོད་ལེ།

veste

རྟ་གི་ལི།

manteau

སྟོད་གོས།

imperméable

ཆར་གོས།

costume

གྱོན་ཆས།

robe

གྱོན་གོས།

robe de mariée

བག་གོས།

costume

དྲུག་སློག

chemise de nuit

ཉལ་གོས།

pyjama

ཉལ་གོས།

sari

ས་རི།

foulard

མགོ་དཀྲིས།

turban

ཐོད་དཀྲིས།

burqa

ཕོག་ལ།

caftan

ཀ་ཧྥ་ཨན།

abaya

ཨ་པ་ཡ།

maillot de bain

རྒྱལ་གོས།

maillot de bain

བྱད་གོས།

short

དོར་ཐུང་།

tenue d'entraînement

ལུས་རྩལ་སྦྱོང་ཆས།

tablier

པང་གདན།

gants

ལག་ཤུབས།

bouton

 སྐྱོག་བུ།

lunettes

མིག་ཤེལ།

bracelet

ལག་གདུབ།

collier

སྐེ་རྒྱན།

bague

མཛུབ་འཛིབས།

boucle d'oreille

རྣ་འོན།

bonnet

ཞྭ།

cintre

གོས་རྟེད།

chapeau

གུས་ཞྭ།

cravate

གོང་དགུལ།

fermeture éclair

འཛེར་སྐྱོག

casque

རྨོག

bretelles

དཔང་ཐག

uniforme scolaire

སློབ་གོས།

uniforme

སྐྱོག་ཆས།

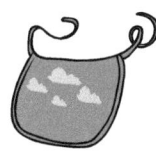

bavoir

ལྦ་ཁེབས།

sucette

རྫུས་མ།

lange

ཆུ་གདན།

bureau

ལས་ཁུངས།

serveur
གསབ་ལེན་པ།
armoire d'archivage
ཡིག་ཆའི་སྒམ།
imprimante
ཡིག་དཔར་ཆས།
écran
འཆར་ཤེལ།
papier
ཤོག་བུ།
souris
ཙིག་བརྙན།
bureau
ཅོག་ཙེ།
classeur
ཡིག་ཁུག
clavier
འཐེབ་གནོན།
chaise
རྐུབ་རྐྱག
corbeille à papier
གད་སྙིགས་སྒྲོད།
ordinateur
གློག་ཀླད།

tasse de café

ཚིག་ཇ་ཀོ་རེ།

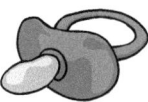

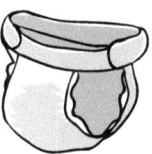

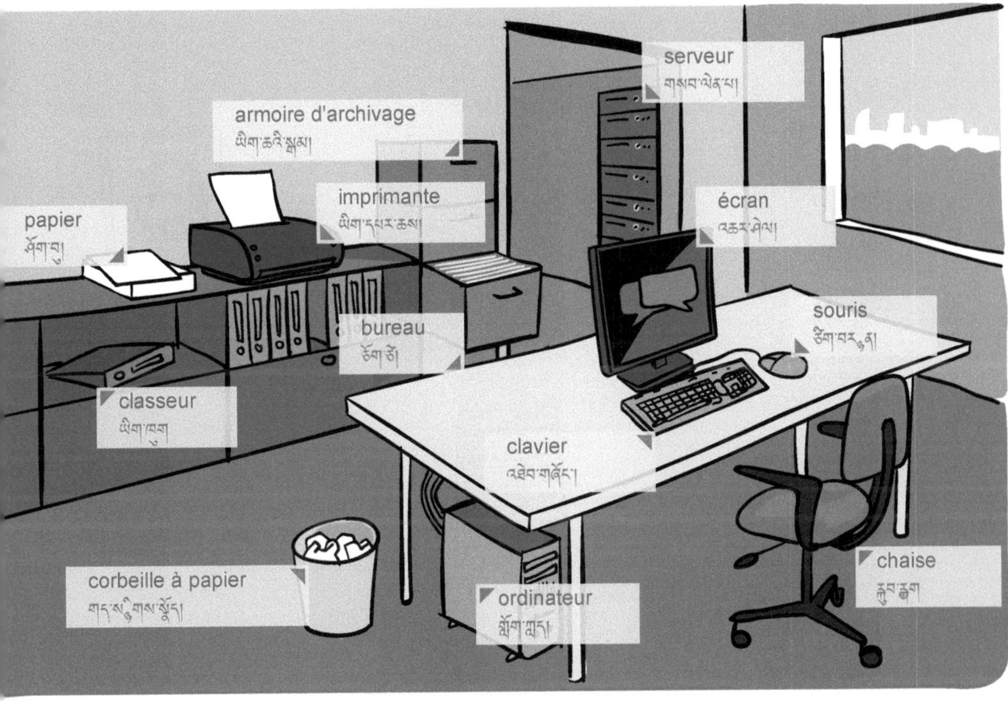

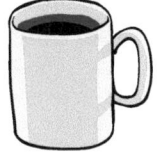

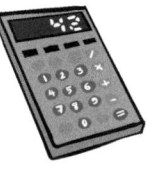

calculatrice

ཨང་རྩིས་འཕྲུལ་བྱད།

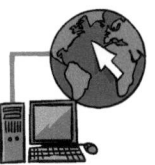

internet

དྲ་རྒྱ།

ordinateur portable

ལག་འཁྱེར་སློག་ཀླད།

lettre

ཡི་གེ

message

འཕྲིན་ཐུང་།

portable

ལག་འཁྱེར་ཁ་པར།

réseau

དྲ་ལམ།

photocopieuse

བཤུར་དཔར་ཆས།

logiciel

མཉེན་ཆས།

téléphone

ཁ་པར།

prise

སྐུར་གཏད།

fax

ཤུད་འཕྲིན།

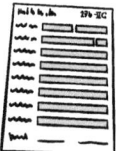

formulaire

རེའུ་མིག

document

ཡིག་ཆ།

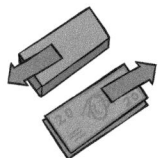

acheter

ཉོ།

payer

དངུལ་སྤྲོད་པ།

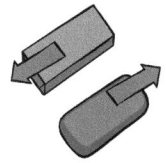

faire du commerce

ཚོང་རྒྱག་པ།

monnaie

སྒོར་མོ།

dollar

ཨ་སྒོར།

euro

ཡོ་སྒོར།

yen

རི་གོར།

rouble

རབ་སྦུལ།

franc suisse

སུའི་ཟེར་གྱི་ཧྲང་སིའི་སྒོར་མོ།

franc suisse

renminbi yuan

རྒྱ་ནག་གི་སྒོར་མོ།

roupie

ལ་འཕི།

distributeur automatique

ལག་དངུལ་གྱི་གཟའ།

bureau de change

བརྗེ་འགྱུར་ལས་ཁུངས།

or

གསེར།

argent

དངུལ།

pétrole

སྣུམ།

énergie

ནུས་ཤུགས།

prix

རིན་གོང་།

contrat

གན་རྒྱ།

taxe

དཔྱ་ཁྲལ།

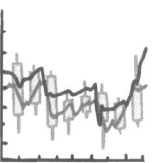

action

ཚོང་ཤོག

travailler

ལས་ཀ་བྱེད་པ།

employé

ལས་བྱེད་པ།

employeur

ལས་ཀ་སྤྲོད་མཁན།

usine

བཟོ་གྲྭ།

magasin

ཚོང་ཁང་།

professions

ལས་རིགས།

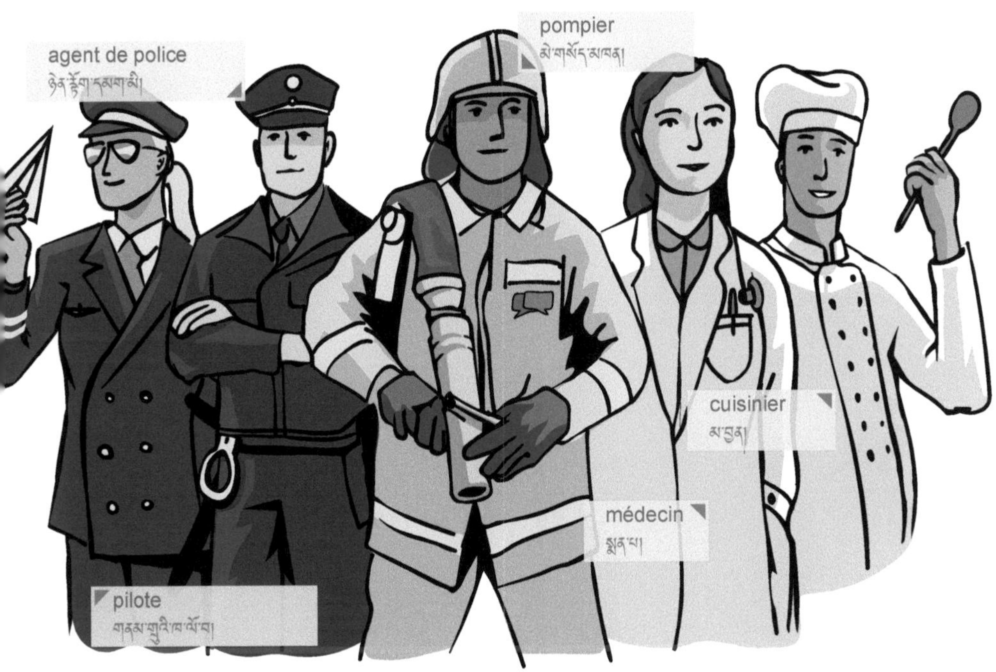
agent de police
ཉེན་རྟོག་དམག་མི།
pompier
མེ་གསོད་མཁན།
cuisinier
མ་བྱན།
médecin
སྨན་པ།
pilote
གནམ་གྲུའི་ཁ་ལོ་བ།

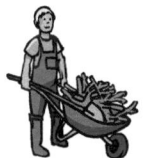

jardinier

ལྡུམ་ར་བ།

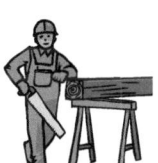

menuisier

ཤིང་བཟོ་བ།

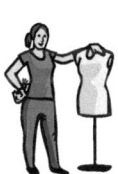

couturière

ཚེམ་མཁན་མ།

juge

ཁྲིམས་དཔོན།

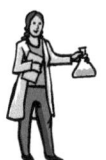

chimiste

རྫས་སྦྱོར་མཁས་པ།

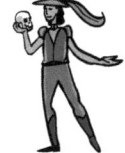

acteur

གློག་བརྙན་འཁྲབ་སྟོན་པ།

conducteur de bus

ཁ་ལོ་བ།

chauffeur de taxi

སྐྱི་ག་རྩུ་བ་འཁོར་ཁ་ལོ་བ།

pêcheur

ཉ་པ།

femme de ménage

གཙང་སྦྲ་བྱེད་མཁན།

couvreur

ཁང་ཐོག་བཟོ་མཁན།

serveur

ཞབས་ཞུ་བ།

chasseur

རྔོན་པ།

peintre

ཚོན་རྩི་གཏོང་མཁན།

boulanger

བག་ལེབ་ལས་མཁན།

électricien

གློག་བཟོ་མཁན།

ouvrier

ཨང་ལས་པ།

ingénieur

ཨང་ལས་འཆར་འགོད་པ།

boucher

བཤན་པ།

plombier

ཆུ་ལས་བཟོ་སྐྲུག་པ།

facteur

ཡིག་སྐྱེལ་བ།

professions - ལས་རིགས།

soldat

དམག་མི།

architecte

ཨེར་ལས་པ།

caissier

དངུལ་གཉེར།

fleuriste

མེ་གཤོད་མཁན།

coiffeur

སྐྲ་བཟོ་མཁན།

contrôleur

སྐུ་འདྲེན།

mécanicien

བཟོ་ལས་པ།

capitaine

འགོ་བྱེད།

dentiste

སོའི་སྨན་པ།

scientifique

ཚན་རིག་པ།

rabbin

འཇིན་སྐྱོང་དཔོན།

imam

ཨི་མམ།

moine

གྲྭ་པ།

prêtre

ཆོས་དོན་གཉེར་མཁན།

marteau
ཐོ་བ།

pinces
འཛིམ་བྱེད་སྐམ་པ།

tournevis
གཏན་གཟེར་སྐྱིལ་བྱེད།

clé
གཏན་གཟེར་སྐྱིལ་བྱེད་སྐམ་པ།

torche
དཔལ་འབར།

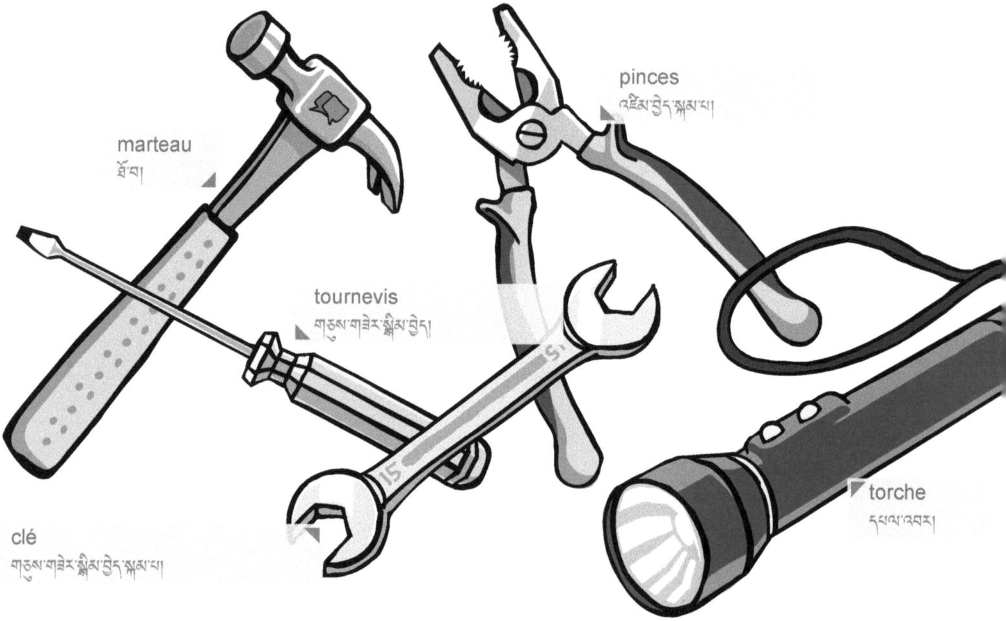

pelleteuse

སྤྱོག་མ་ཁན།

boîte à outils

སྤྱོད་ཆས་སྒམ།

échelle

འཛེགས་སྐས།

scie

སོག་ལེ།

clous

ལྕགས་གཟེར།

perceuse

འབིགས་གསོར་འཕྲལ་འཁོར།

réparer

བཙོ་བཅོས་རྒྱག་པ།

pelle

སྐུག་མ།

Mince !

ཨ་མའི་ག

pelle

གད་གཅིགས་གཡོགས་བྱེད་ལྕུགས།

pot de peinture

སྐུ་ཚོ།

vis

གཉུ་གཟེར།

instruments de musique

རོལ་ཆས།

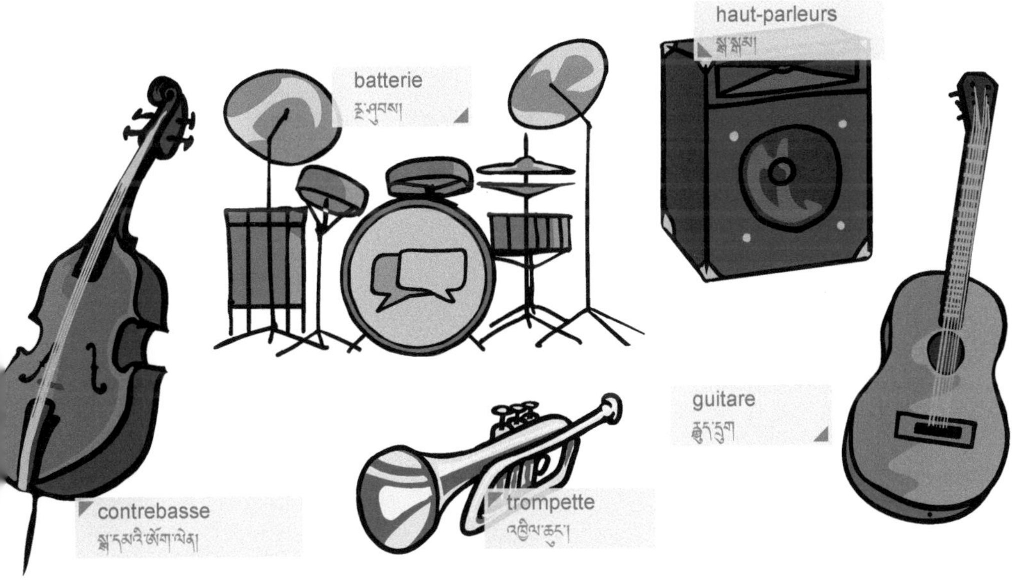

contrebasse
སྒྲ་དམའི་ཨོལ་ག་ལེན།

batterie
རྔ་ཕུབས།

haut-parleurs
ས་སྒྲ།

guitare
རྒྱུད་དུག

trompette
འཁྱིལ་རུང་།

piano

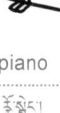

violon

basse

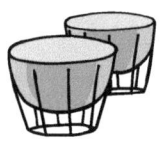

timbales

tambour

piano électrique

saxophone

flûte

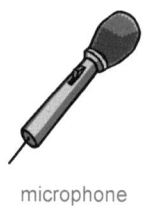

microphone

instruments de musique - རོལ་ཆས།

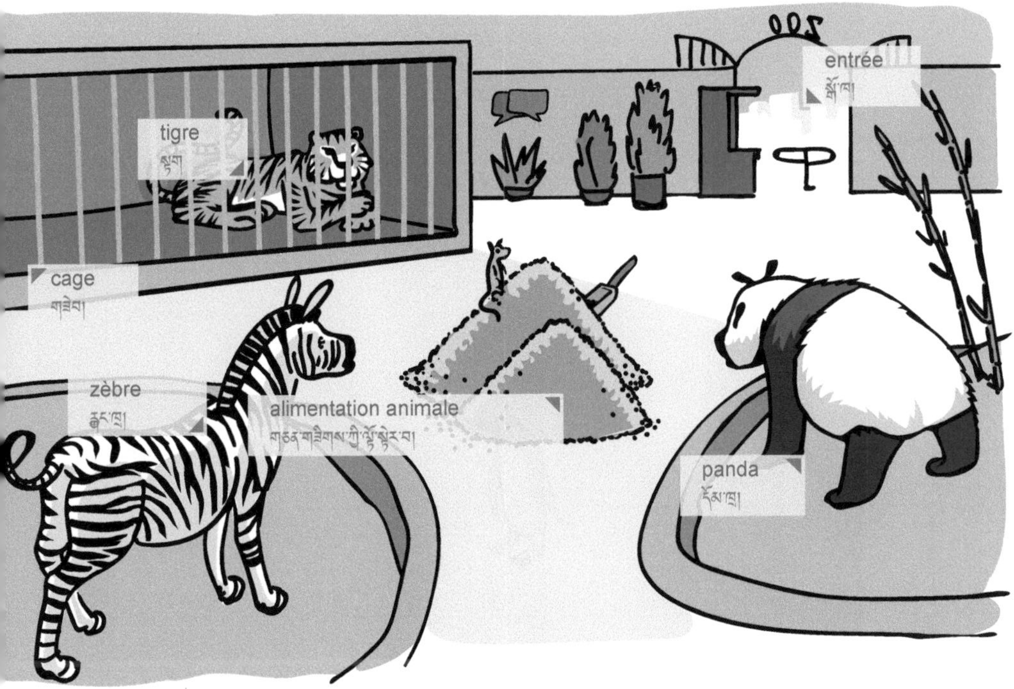

tigre
སྟག

entrée
སྒོ་ཁ།

cage
གཟེབ།

zèbre
རྟ་ཁྲ།

alimentation animale
གཅན་གཟིགས་ཀྱི་ལྟོ་སྟེར་ས།

panda
དོམ་ཁྲ།

animaux

སྲོག་ཆགས།

éléphant

གླང་ཆེན།

kangourou

ཀངྒུ་རུ།

rhinocéros

བསེ་རུ།

gorille

སྤྱི་རྒོད།

ours

དོམ།

chameau

རྔ་མོང་།

autruche

རྔ་མོང་བྱ་ཆེན།

lion

སེང་གེ།

singe

སྤྲེལ།

flamand rose

དང་པའི་ཁྲུང་ཁྲུང་།

perroquet

ནེ་ཙོ།

ours polaire

དོམ་དཀར།

pingouin

བྱ་ཆེན་ཡིད་གྲུས།

requin

ཉ་ཆེན་ཤ་ཁྲ།

paon

རྨ་བྱ།

serpent

སྦྲུལ།

crocodile

ཆུ་སྦྲུལ།

gardien de zoo

གཅན་གཟན་ཁང་གི་གཉེར་མཁན།

phoque

མཚོ་ཙོང་།

jaguar

གཅན་གཟན་གུང་།

poney

ཡལ་རྟ།

léopard

གཟིག

hippopotame

ཆུ་རྟ་ཐལ།

girafe

ཤ་ལུ་ལི་རིང་།

aigle

ཁྲ།

sanglier

ཕ་ཐག

poisson

ཉ།

tortue

རས་སྦལ་ཡ།

morse

ཕྱུལ་རས།

renard

ཝ་མོ།

gazelle

དགོ་བ།

american Football
ཨ་རིའི་རྐང་རྩེད་སྤོ་ལོ།

cyclisme
རྣང་སྒྱུ་རི་ལ་བཞོན་པ།

tennis
ཏེ་ནི་སི།

basket-ball
ལག་ཅིའི་སྤོ་ལོ།

natation
ཆུ་སྐྱལ་བ།

boxe
སྟོག་མིད།

hockey sur glace
ཆོག་ཀིའི།

football
རྐང་རྩེད་པོ་ལོ།

badminton
བ་སྤྲིའི་སྤོ་ལོའི་རྩེད་མོ།

athlétisme
ལས་རྩལ་ལས་འགུལ།

handball
ལག་རྩེད་པོ་ལོ།

ski
གངས་ཤུད་ལ་ལེབ།

polo
པོ་ལོ།

sauter
མཆོང་བ།

rire
གད་མོ་དགོད་པ།

embrasser
འཁམ་འཁྱུད་བྱེད་པ།

marcher
གོམ་པ་རྒྱག་པ།

chanter
གླུ་ལེན་པ།

rêver
རྨི་ལམ་གཏོང་བ།

prier
གསོལ་བ་འདེབས་པ།

faire la bise
འོ་བྱེད་པ།

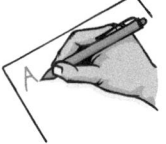

écrire
འབྲི་བ།

dessiner
འབྲི་བ།

montrer
མིག་ལ་སྟོན་པ།

pousser
འབུད་རྩུག་གཏོང་བ།

donner
སྤྲོད་པ།

prendre
ལེན་པ།

avoir

ཡོད།

faire

བྱེད།

être

ཡིན།

être debout

ལངས་པ།

courir

རྒྱུག་པ།

trier

འཛིན་པ།

jeter

འཕེན་པ།

tomber

ལྷུང་བ།

être couché

ཉལ་བ།

attendre

སྒུག་པ།

porter

འཁྱེར།

être assis

མར་སྡོད་པ།

s'habiller

གྱོན་པ།

dormir

གཉིད་ཉལ་བ།

se réveiller

ཡར་ལངས་པ།

regarder

ལྟ་བ།

pleurer

དུ་བ།

caresser

བྱིལ་པ་གྱོན་པ།

peigner

སྐྲ་འབད་པ།

parler

སྐད་ཆ་བཤད་པ།

comprendre

རྟོགས་པ།

demander

དྲི།

écouter

ཉན་པ།

boire

འཐུང་།

manger

ཟ།

ranger

ལེགས་སྐྲིག

aimer

དགའ་བ།

cuire

བཙོ་བ།

conduire

རླངས་འཁོར་གཏོང་བ།

voler

འཕུར་བ།

faire de la voile

རྒྱ་མཚོར་སྐྱོད་པ།

calculer

རྩིས་རྒྱག་པ།

lire

སློག་པ།

apprendre

སློབ་སྦྱོང་བྱེད་པ།

travailler

ལས་ཀ་བྱེད་པ།

se marier

གཉེན་སྒྲིག་བྱེད་པ།

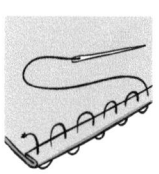

coudre

འཚེམ་པ།

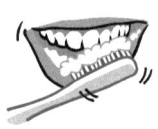

brosser les dents

སོ་འཁྲུས།

tuer

གསོད་པ།

fumer

འདུད་པ་འཐེན་པ།

envoyer

གཏོང་བ།

activités - བྱེད་ལས།

grand-mère
ཕྱི་མོ།

grand-père
པོ་པོ།

père
ཨ་པ།

mère
ཨ་མ།

bébé
ཕྲུག་གུ

fille
བུ་མོ།

fils
བུ་ཕྲུག

hôte
མགྲོན་པོ།

tante
ཨ་ནེ།

oncle
ཨ་ཁུ

frère
ཕ་སྤུན།

sœur
ཨ་ཅེ།

corps

ལུས་ཕངས།

front
ཐོད་པ།
œil
མིག
épaule
ཕྲག་པ།
doigt
མཛུབ་མོ།
visage
ངོ་གདོང་།
menton
མ་ཞེ།
main
ལག་པ།
jambe
རྐང་པ།
poitrine
ནུ་མ།
bras
ལག་ངར།

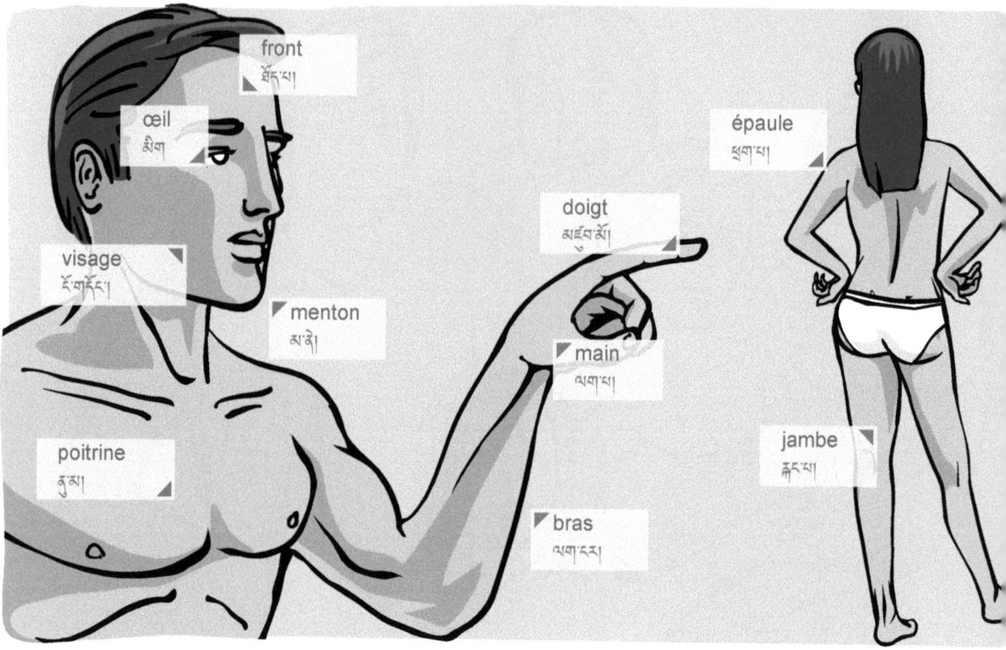

bébé

བྱིས་པ།

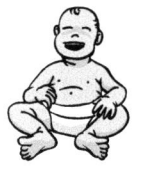

homme

སྐྱེས་པ

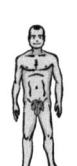

femme

བུད་མེད།

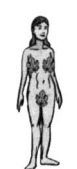

fille

བུ་མོ།

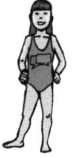

garçon

བུ།

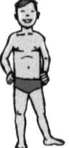

tête

མགོ

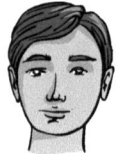

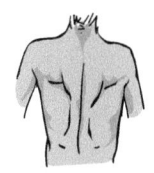

dos

སྐུལ་པ།

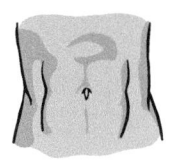

ventre

ཕྱོག་པ།

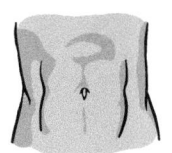

nombril

ལྟེ་བ།

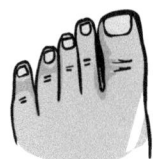

orteil

རྐང་མཛུབ།

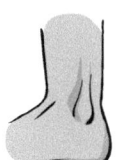

talon

རྟིང་ཀ།

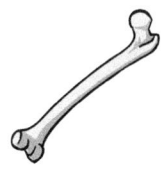

os

རུས་པ།

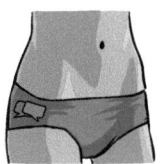

hanche

དཔྱི་མགོ།

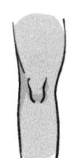

genou

པུས་མོ།

coude

གྲུ་མོ།

nez

སྣ།

fesses

རྐུབ།

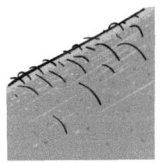

peau

པགས་པ།

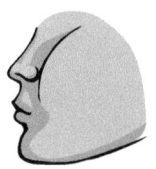

joue

འགྲམ་པ།

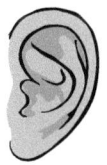

oreille

རྣ་མཆོག

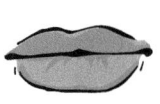

lèvre

མཆུ།

bouche

ཁ་

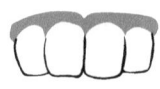

dent

སོ།

langue

ལྕེ།

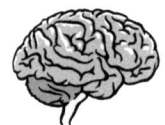

cerveau

ཀླད་པ།

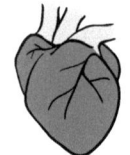

cœur

སྙིང་།

muscle

ཤ་གནད།

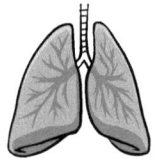

poumons

གློ་བ།

foie

མཆིན་པ།

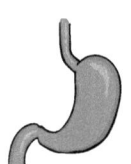

estomac

གྲོད་པ།

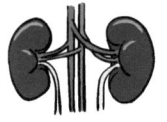

reins

མཁལ་མ།

rapport sexuel

འཁྲིག་སྤྱོད།

préservatif

ཤུང་ཤུབས།

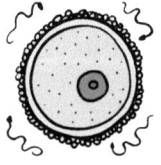

ovule

ཁམས་དམར།

sperme

ཁམས་དཀར།

grossesse

སྦྲུམ་མའི་གནས་སྐབས།

corps - ལུས་པོངས།

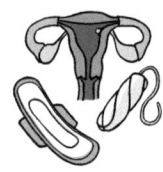

menstruation

སྣ་མཚན།

vagin

སྟུ་སྒོ།

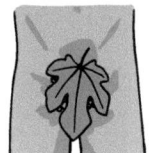

pénis

ཕོ་མཚན།

sourcil

སྤྱིན་མ།

cheveux

སྐྲ།

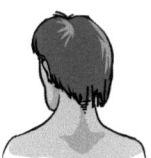

cou

སྐེ།

hôpital

སྨན་ཁང་།

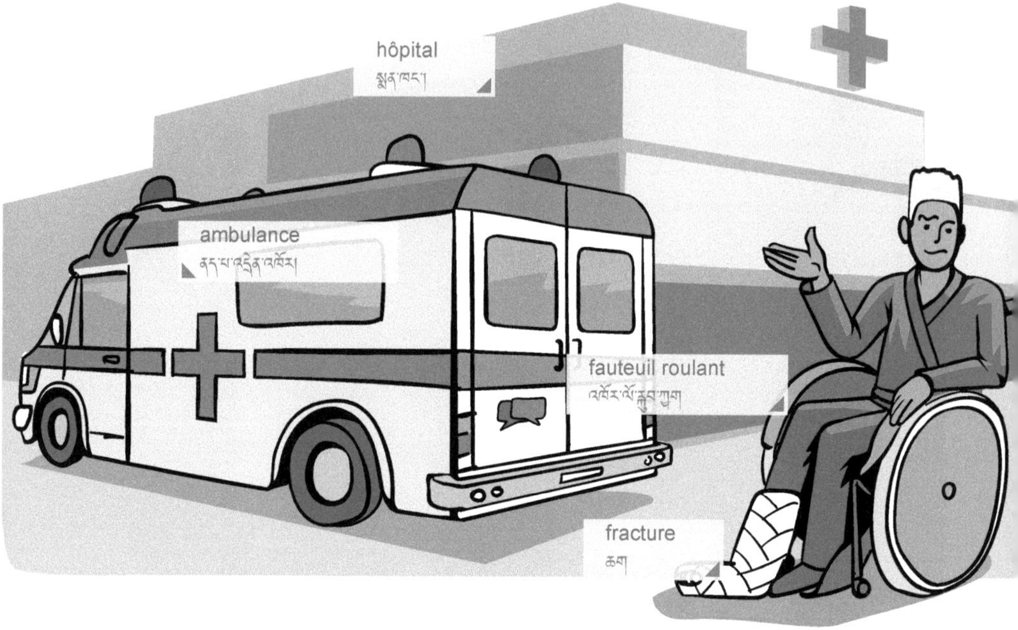

hôpital
སྨན་ཁང་།
ambulance
ནད་པ་འདྲེན་འཁོར།
fauteuil roulant
འཁོར་ལོ་རྐུབ་ཀྱག
fracture
ཆག

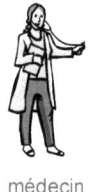

médecin

སྨན་པ།

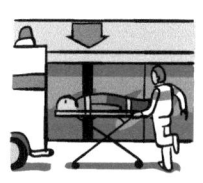

service des urgences

མྱུར་སྐྱོབ་ཁང་།

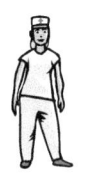

infirmière

ནད་གཡོག

urgence

མྱུར་སྐྱོབ།

inconscient

དྲན་པ་འཐོར།

douleur

ཟུག་རྫུ།

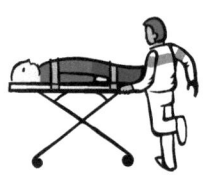

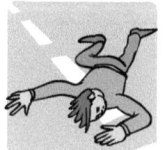

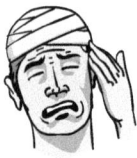

blessure

སྐྲོན།

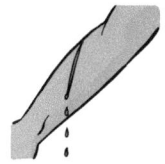

hémorragie

ཁྲག་བཞུར་བ།

crise cardiaque

སྙིང་ཁྲག་དགགས་པ།

attaque cérébrale

གཟའ་ཡོག

allergie

ཚམས་ཆེ།

toux

གློ་ཀྲུག་པ།

fièvre

ཚ་བ་རྐྱེས་པ།

grippe

ཚམས་རིམས།

diarrhée

བཤལ་ནད།

mal de tête

མགོ་ན།

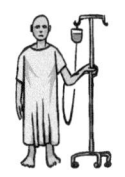

cancer

སྐྲན་ནད།

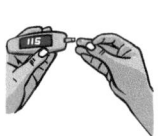

diabète

གཅིན་སྙི།

chirurgien

གཤགས་གཏོང་སྨན་པ།

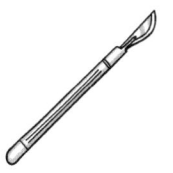

scalpel

གཤགས་བཅོས་གྲི།

opération

བཀོལ་སྟོན།

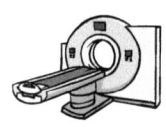

CT

CT ཞིབ་བཤེར།

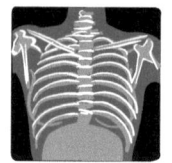

radiographie

གློག་དཔར།

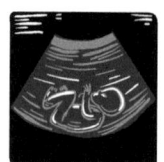

échographie

བརྒྱལ་སྐུ་འི་གློག་པར།

masque

ཁ་ཞེབས།

maladie

ནད།

salle d'attente

སྒུག་ཁང༌།

béquille

ན་པོའི་འཁར་ཤིང༌།

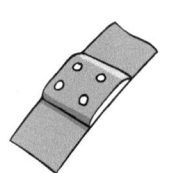

pansement

ཐལ་ཆུལ།

pansement

ཀྲི་དགྲིས།

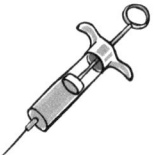

injection

ཁབ།

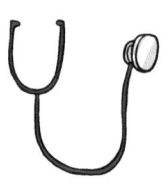

stéthoscope

ནད་ཞིབ་ཉན་སྣ་འཕྲུལ་ཆས།

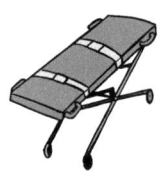

brancard

འགྲོག་འཕང༌།

thermomètre

ཚ་དྲུག་ཚྲུལ་ཆས།

accouchement

སྐྱེ་བ།

surcharge pondérale

ལྗིད་བརྒལ།

appareil auditif

ཉན་པར་ཡོ་བྱད།

désinfectant

དུག་སེལ་སྨན་རྫས།

infection

འགོ་བ།

virus

དུག་སྲིན།

VIH / sida

ཨེ་ཅི་ནད་དུག

médicament

སྨན།

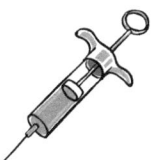

vaccination

སྔོན་འགོག་སྨན་ཁབ།

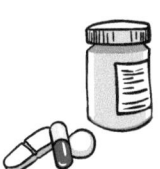

comprimés

སྨན་རིལ།

pilule

སྐྱེ་འགོག་སྨན།

appel d'urgence

མྱུར་སྐྱོབ་འབོད་པ།

tensiomètre

ཁྲག་གཤེན་ཚོད་ཆས།

malade / sain

ནད་པ་བདེ་ཐང་པོ།

alarme

ཉེན་བརྡ།

assaut

རྐུ་འཛིངས།

Au secours !

སྐྱོབ་སྐྱོབ་ལ།

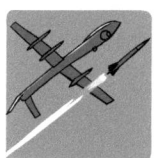

attaque

བཙན་གློག

danger

ཉེན་ཁ།

sortie de secours

བྲེལ་སྐྱུར་ཕོན་སྒོ།

Au feu!

མེ།

extincteur

མེ་གསོད་ཕོ་བུར།

accident

འཁྲུལ་ཉེན།

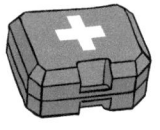

trousse de premier secours

སྱུར་སྐྱོབ་སྨན།

SOS

ཚ་སྒྲོག་སྐྱོབ་རྒྱབ།

police

ཉེན་རྟོག་པ།

Europe

ཡོ་རོབ།

Amérique du Nord

ཨ་མེ་རི་ཀ་བྱང་མ།

Amérique du Sud

aཨ་མེ་རི་ཀ་ལྷོ་མ།

Afrique

ཨ་ཧྲི་ཀ།

Asie

ཨེ་ཤི་ཡ།

Australie

ཨོ་སི་ཏྲ་ལི་ཡ།

Océan atlantique

རྒྱབ་ཆེན་རྒྱ་མཚོ།

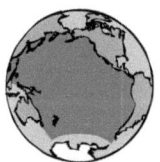

Océan pacifique

ཞི་བདེའི་

Océan indien

རྒྱ་གར་རྒྱ་མཚོ།

Océan antarctique

ལྷོ་སྲིའི་རྒྱ་མཚོ།

Océan arctique

བྱང་སྲིད་བྱང་ངོའི་རྒྱ་མཚོ།

pôle nord

བྱང་ནེ།

pôle sud

ཚོ་སྨྲེ།

Antarctique

ཚོ་སྨྲེ་གྲིད།

terre

སི་གོ་ལ།

pays

ས།

mer

རྒྱ་མཚོ།

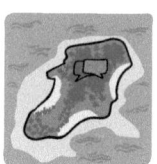

île

གྲིང་ག

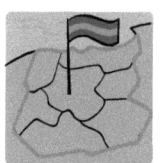

nation

རྒྱལ་ཁབ།

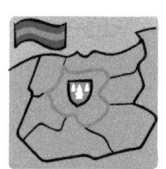

état

རྒྱལ་ཁབ།

cadran

ཆུ་ཚོད།

aiguille des heures

ཆུ་ཚོད་ཀྱི་མདའ།

aiguille des minutes

སྐར་མདའ།

aiguille des secondes

སྐར་མདའ།

Quelle heure est-il ?

དུས་ཚོད་ག་ཚོད་རེད།

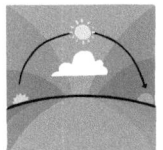

jour

ཉིན།

temps

དུས་ཚོད།

maintenant

ད་ལྟ།

montre digitale

མཛུབ་དཔྱིབས་ཅན་གྱི་ཆུ་ཚོད

minute

སྐར་མ།

heure

དུས་ཚོད།

semaine

བདུན་ཕྲག

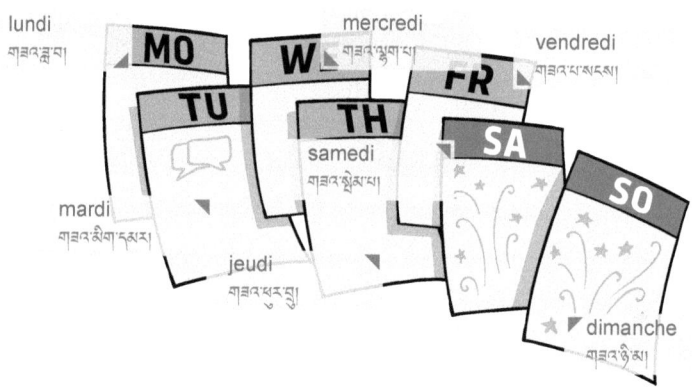

lundi
གཟའ་ཟླ་བ།

mardi
གཟའ་མིག་དམར།

mercredi
གཟའ་ལྷག་པ།

jeudi
གཟའ་ཕུར་བུ།

vendredi
གཟའ་པ་སངས།

samedi
གཟའ་སྤེན་པ།

dimanche
གཟའ་ཉི་མ།

hier
ཁ་སང་།

aujourd'hui
དེ་རིང་།

demain
སང་ཉིན།

matin
ཞོགས་པ།

midi
ཉིན་དགུང་།

soir
དགོངས་མོ།

MO	TU	WE	TH	FR	SA	SU
1	2	3	4	5	6	7
8	9	10	11	12	13	14
15	16	17	18	19	20	21
22	23	24	25	26	27	28
29	30	31	1	2	3	4

jours ouvrables
ལས་གཡར་ཉིན་མོ།

MO	TU	WE	TH	FR	SA	SU
1	2	3	4	5	6	7
8	9	10	11	12	13	14
15	16	17	18	19	20	21
22	23	24	25	26	27	28
29	30	31	1	2	3	4

week-end
བདུན་ཕྲག་གི་མཇུག་འཁྱུག

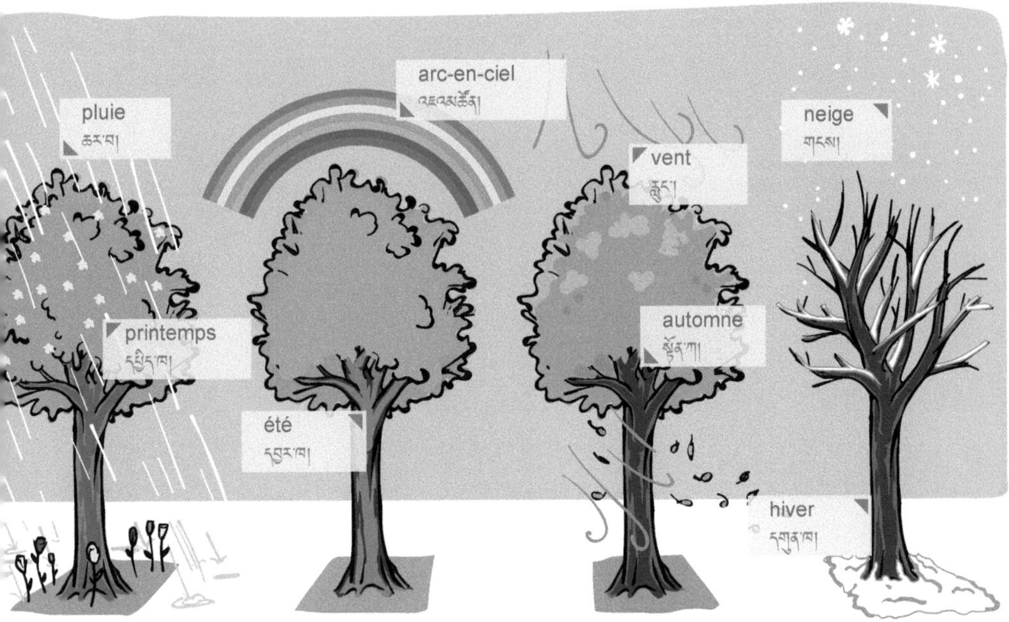

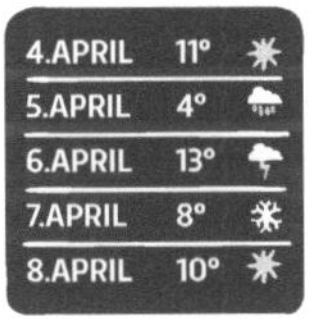

pluie
ཆར་པ།

arc-en-ciel
འཇའ་ཚོན།

neige
གངས།

vent
རླུང་།

printemps
དཔྱིད་ཁ།

automne
སྟོན་ཁ།

été
དབྱར་ཁ།

hiver
དགུན་ཁ།

4.APRIL	11°	☀
5.APRIL	4°	☁
6.APRIL	13°	⛅
7.APRIL	8°	☀
8.APRIL	10°	☀

météo

གནམ་གཤིས་སྟོན་པ།

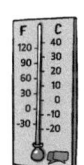

thermomètre

དྲོད་ཚད་རྩིས་ཆས།

lumière du soleil

ཉི་འོད།

nuage

སྤྲིན།

brouillard

སྨུག་པ།

humidité

བརླན་ཚད།

foudre

སློག

tonnerre

འབྲུག་སྐད

tempête

རླུང་འཚུབ

grêle

སེ་ར་བ

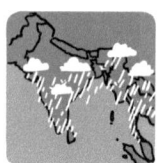

mousson

དུས་ཆུར

inondation

ཆུ་ལོག

glace

འཁྱགས་པ

janvier

ཟླ་བ་དང་པོ

février

ཟླ་བ་གཉིས་པ

mars

ཟླ་བ་གསུམ་པ

avril

ཟླ་བ་བཞི་པ

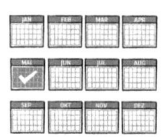

mai

ཟླ་བ་ལྔ་བ

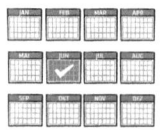

juin

ཟླ་བ་དྲུག་པ

juillet

ཟླ་བ་བདུན་པ

août

ཟླ་བ་བརྒྱད་པ

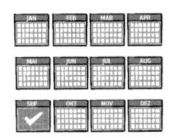

septembre

ཕྱི་ཟླ་དགུ་པ།

octobre

ཕྱི་ཟླ་བཅུ་པ།

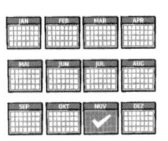

novembre

ཕྱི་ཟླ་བཅུ་གཅིག་པ།

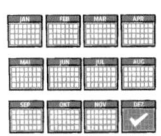

décembre

ཕྱི་ཟླ་བཅུ་གཉིས་པ།

formes

རྣམ་པ།

cercle

སྒོར་སྒོར།

carré

གྲུ་བཞི།

rectangle

གྲུ་བཞི་རིང་མོ།

triangle

ཟུར་གསུམ་མ།

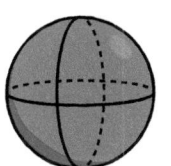

sphère

རྒྱུམ་གཟུགས།

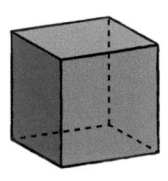

cube

རྒྱ་དཔངས་གྲུ་བཞི།

couleurs

ཚོན་མདོག

blanc

དཀར་པོ།

jaune

སེར་པོ།

orange

ལི་དབང་།

rose

ཟིང་སྐྱ།

rouge

དམར་པོ།

violet

མ་མིན་མདོག

bleu

སྔོན་པོ།

vert

ལྗང་ཁུ།

marron

རྒྱ་སྐྱ།

gris

སྐྱ་པོ།

noir

ནག་པོ།

beaucoup / peu

མང་པོ་ཉུང་བ།

fâché / calme

ཁྲོ་པོ་ཞི་འཇམ་ཅན།

joli / laid

མ་རབས་ཁ་སྤས།

début / fin

སྒོ་བཙུགས་པ་མཇུག་སྐྱོལ།

grand / petit

ཆེ་ག་ཆུང་བ།

clair / obscure

འོད་ཕྲོས་ཕྲོས་མུན་ནག

frère / soeur

ཕུ་ནུ་ལས་ཆེ།

propre / sale

གཙང་མ་བཙོག་པ།

complet / incomplet

ཆ་ཚང་ག་ཆ་མ་ཚང་བ།

jour / nuit

ཉིན་མོ་མཚན་མོ།

mort / vivant

གཤིན་པོ་གསོན་པོ།

large / étroit

ཡངས་པོ་དོག་པོ།

comestible / incomestible

ཟ་རུང་ཟ་མི་རུང་བ།

méchant / gentil

ངན་པ་ཤེམས་བཟང་།

excité / ennuyé

དགའ་སྤྲོ་སྐྱེ་གས་སྣང་སྡུག་སྣེས་པ།

gros / mince

ཚོན་པོ་རིད་པོ།

premier / dernier

དང་པོ་མཐའ་མ།

ami / ennemi

གྲོགས་པོ་དགྲ་པོ།

plein / vide

ཁེངས་པ་སྟོང་པ།

dur / souple

མ་ཉིགས་པོ་འཇམ་པོ།

lourd / léger

ལྗིད་པོ་ཡང་པོ།

faim / soif

བཀྲེས་པ་སྐོམ་པ།

malade / sain

ནད་པ་བདེ་པོ་བཟང་པོ།

illégal / légal

ཁྲིམས་འགལ་གས་ཀྱི་ཁྲིམས་ཀྱི

intelligent / stupide

རིག་པ་ཅན་གླེན་པ།

gauche / droite

གཡོན་གཡས།

proche / loin

ཉེ་པོ་ཐག་རིང་པོ།

nouveau / usé

གསར་པ་རྙིང་སོང་བ།

rien / quelque chose

གང་ཡང་མིན་པ་གང་རེ་ཡིན་ན།

vieux / jeune

ལོ་ན་མཐོ་བ་གཞོན་ན།

marche / arrêt

སྤྱོད་པ།ལས།

ouvert / fermé

ཁ་འབྱེད་ནས་ཡོད་པའི།ཁ་བཏང་ནས་ཡོད་པའི།

faible / fort

ཉ་མིས་པོ།སྟ་ཆེན་པོ།

riche / pauvre

ཕྱུག་པོ།ནོ་པོ།

correct / incorrect

ཡོས་རེས་ནོར་པ།

rugueux / lisse

རྩུབ་པོ།འཇམ་པོ།

triste / heureux

ཡིད་སྐྱོ་བྱེད་དགའ་པོ།

court / long

ཐུང་ག་རིང་བ།

lent / rapide

དལ་ག་འཕྲུལ་ག

mouillé / sec

རློན་པ་སྐམ་པོ།

chaud / froid

དྲོན་པོ་གྲང་པོ།

guerre / paix

འཐབ་པ།

0

zéro

གྲང་མེད།

1

un / une

གཅིག

2

deux

གཉིས།

3

trois

གསུམ།

4

quatre

བཞི།

5

cinq

ལྔ།

6

six

དྲུག

7

sept

བདུན།

8

huit

བརྒྱད།

9

neuf

དགུ

10

dix

བཅུ།

11

onze

བཅུ་གཅིག

12

douze

བཅུ་གཉིས།

13

treize

བཅུ་གསུམ།

14

quatorze

བཅུ་བཞི།

15

quinze

བཅོ་ལྔ།

16

seize

བཅུ་དྲུག

17

dix-sept

བཅུ་བདུན།

18

dix-huit

བཅོ་བརྒྱད།

19

dix-neuf

བཅུ་དགུ

20

vingt

ཉི་ཤུ།

100

cent

བརྒྱ།

1.000

mille

སྟོང་།

1.000.000

million

ས་ཡ།

anglais

དབྱིན་སྐད།

anglais américain

ཨ་རིའི་དབྱིན་སྐད།

chinois mandarin

རྒྱ་སྐད།

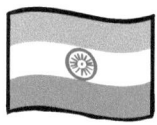

hindi

ཧིན་དི།

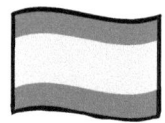

espagnol

སི་པེན་གྱི་སྐད་རིགས།

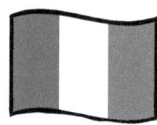

français

ཕ་རན་སིའི་སྐད་རིགས།

arabe

ཨ་རབ་ཀྱི་སྐད་རིགས།

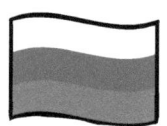

russe

ཨུ་རུ་སུའི་སྐད་རིགས།

portugais

ཕོར་ཐུག་གལ་གྱི་སྐད་རིགས།

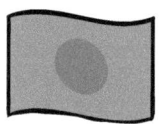

bengali

བྲུང་གཱ་ལ་སྐད་རིགས།

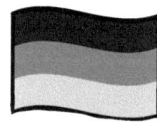

allemand

འཇར་མན་སྐད་རིགས།

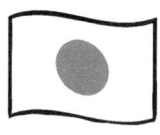

japonais

ཇར་པན་སྐད་རིགས།

je

ང་།

tu

ཁྱེད་རང་།

il / elle / ce, c', cela

ཁོ་མོ་འདི།

nous

ང་ཚོ།

vous

ཁྱེད་ཚོ།

ils / elles

ཁོ་ཚོ།

Qui ?

སུ།

Quoi ?

ག་རེ།

Comment ?

ག་འདྲ།

Où ?

ག་བ།

Quand ?

ག་དུས།

nom

མིང་།

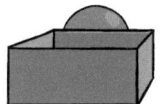

derrière

རྒྱབ་ན།

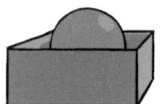

dans

ནང་ན།

devant

མདུན་ན།

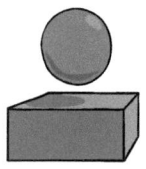

au-dessus

སྟེང་ན།

sur

སྟེང་ན།

en-dessous

འོག་ན།

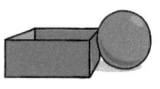

à côté de

འགྲམ་དུ།

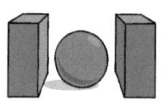

entre

བར་དུ།

lieu

ས་གནས།